DE LA PROPRIÉTÉ

EN ALGÉRIE,

COMMENTAIRE DE LA LOI DU 17 JUIN 1851,

PAR

R. DARESTE,

Docteur en Droit,

Avocat au Conseil d'État et à la Cour de Cassation.

PARIS,	ALGER,
A. DURAND,	BASTIDE,
LIBRAIRE,	IMPRIMEUR-LIBRAIRE,
3, Rue des Grès.	Place du Gouvernement, 8.

1852

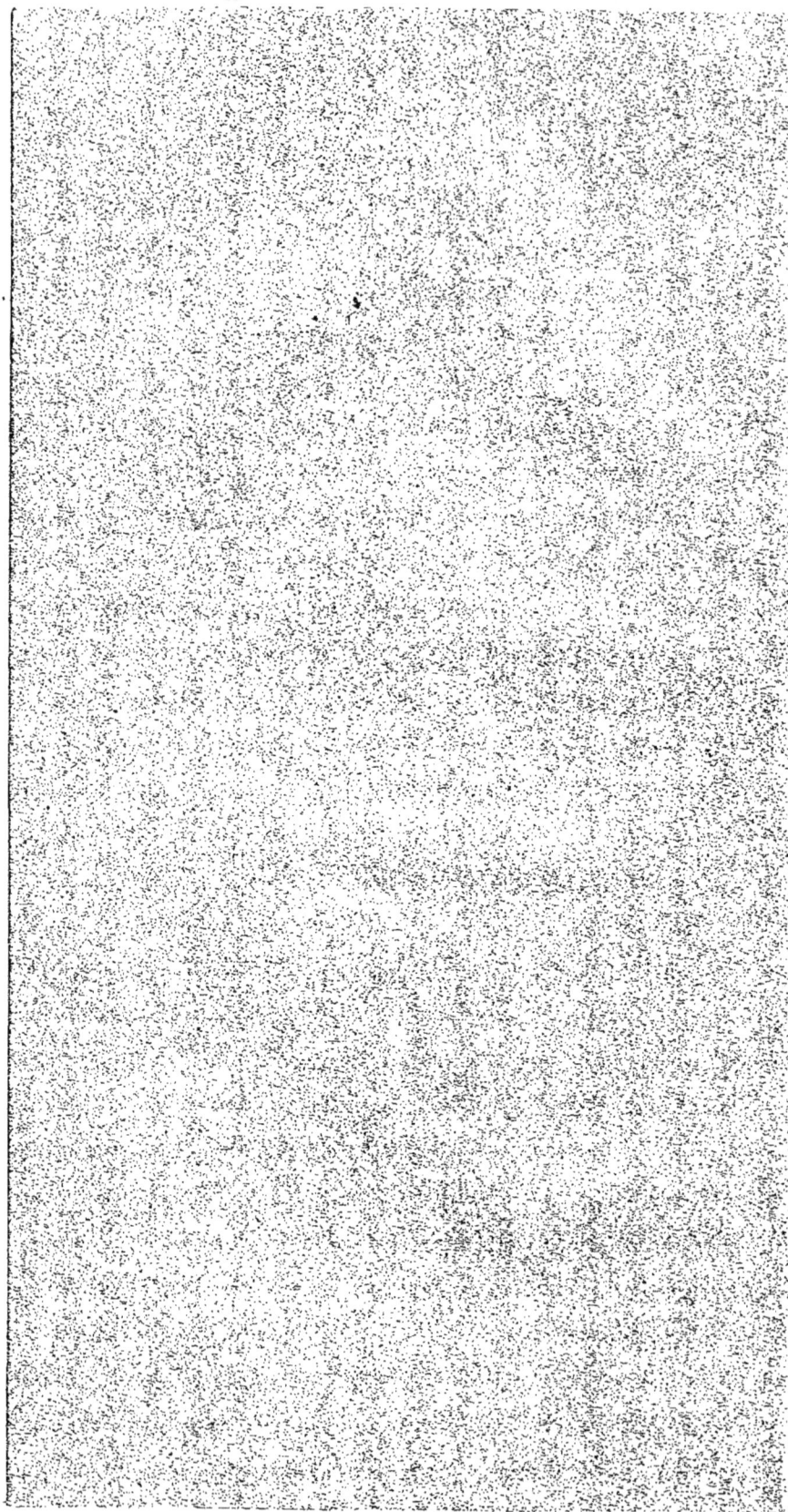

DE LA PROPRIÉTÉ

EN ALGÉRIE.

1942

F

33119

Paris, Imp. de Paul Dupont
rue de Grenelle-St-Honoré, 45.

DE LA PROPRIÉTÉ

EN ALGÉRIE,

COMMENTAIRE DE LA LOI DU 17 JUIN 1851,

PAR

R. DARESTE,

Docteur en Droit,

Avocat au Conseil d'État et à la Cour de Cassation,

PARIS,

LIBRAIRIE D'AUGUSTE DURAND,

RUE DES GRÈS, 5.

1852

L'article 109 de la Constitution du 4 novembre 1848 portait : « Le territoire de l'Algérie et des colonies est déclaré territoire français, et sera régi par des lois particulières jusqu'à ce qu'une loi spéciale le place sous le régime de la présente Constitution. »

C'est en exécution de cet article qu'a été faite la loi du 17 juin 1851 sur la propriété en Algérie.

Le vaste territoire que nous occupons en Afrique renferme environ trois millions d'indigènes. Depuis 1830, cent vingt mille colons européens sont venus s'y établir ; d'autres arrivent tous les jours (1). Les deux populations, de race, de religion, de civilisation différentes se partagent déjà la propriété du sol. A quel régime fallait-il soumettre cet état de choses afin d'assurer, dans les limites du juste et du possible, le maintien de la domination française et le progrès de la colonisation ? Telle est la question résolue par la nouvelle loi.

Jusqu'ici, rien n'avait été fait pour la résoudre. Les nécessités de la guerre se seraient peut-être mal accommodées de règles que d'ailleurs l'expérience pouvait seule indiquer. Les premières mesures prises ne portèrent que sur des points de détail,

---

(1) « D'après les statistiques les plus dignes de foi, le chiffre total de la population indigène ne semble pas pouvoir s'élever au delà de trois millions d'individus. et la surface seule du Tell, c'est-à-dire la zone de labour et de colonisation, comprend plus de 16 millions d'hectares. » (*Exposé de Motifs du projet du Gouvernement*, page 41.)

La population européenne en Algérie était de 125,963 individus au 31 décembre 1850. Sur 100 colons européens, 51 sont Français.

et laissèrent presque tout à l'arbitraire des tribunaux ou de l'administration.

L'anarchie avait déjà porté ses fruits, quand le législateur se décida à intervenir. Les ordonnances des 1er octobre 1844 et 21 juillet 1846 pourvurent au plus pressé ; mais par des dispositions qui ont souvent dépassé le but, comme on le verra par la suite de ce travail. Tout restait donc à faire au législateur de 1851.

Il y a deux manières de coloniser un pays ; la première consiste à détruire ou à expulser la population indigène, afin de la remplacer par une population nouvelle. C'est le système suivi par les Etats-Unis dans l'Amérique du Nord ; il n'a jamais été question de le suivre en Algérie, où il serait impraticable et indigne de nous.

La seconde consiste à établir la population nouvelle à côté, au milieu des indigènes et à préparer, par des institutions sagement combinées, le rapprochement, la fusion des deux races. En Algérie, ce système est à la fois le seul juste et le seul possible (1).

Pour l'appliquer franchement et sans arrière-pensée, il fallait entourer des mêmes garanties la propriété européenne et la propriété indigène, prévenir les conflits des deux lois, régler les transmissions dans l'intérêt des deux races, enfin imposer à l'une et à l'autre propriété toutes les restrictions jugées nécessaires, soit au maintien de la domination française, soit au progrès de la colonisation.

C'est ce qu'a fait la loi du 17 juin 1851, mais après de longs travaux préparatoires dont l'analyse doit trouver place ici. L'his-

---

(1) « La France, dit l'exposé de motifs du projet du Gouvernement (p. 41), n'a jamais voulu l'extermination ou le refoulement violent de la race arabe; elle veut vivre à côté de cette race et lui être utile, en se servant d'elle pour l'œuvre même de la colonisation. Le territoire soumis par nos armes est assez vaste, en effet, pour que les deux peuples y puissent vivre côte à côte et dans un contact utile à tous deux. »

toire de la loi peut seule en faire comprendre le caractère et le but.

Le projet du Gouvernement, rédigé par
le comité consultatif de l'Algérie, porte la
date du 13 mai 1850. Il se compose de
quarante-sept articles divisés en six titres,
lesquels ont pour rubriques : du domaine ;
de la propriété et des droits de jouissance ;
des acquisitions ; de l'expropriation et de
l'occupation temporaire pour cause d'utilité publique ; de la cessation des droits de
jouissance ; du séquestre.

Le projet commence par constituer avec
une extension remarquable le domaine public et le domaine de l'Etat, et par reconnaître la propriété privée tant des Européens que des indigènes, ainsi que les
droits de propriété ou de jouissance qui appartiennent aux tribus. Pour consolider les
acquisitions antérieures, le domaine re-
nonce à une partie de ses droits et se soumet à la juridiction ordinaire.

Mais tout en consacrant la propriété indigène, le projet lui impose une condition rigoureuse, étrangère à la loi comme à la pratique musulmane; il exige que la propriété individuelle soit prouvée par titres ou par une possession continue de dix années; la propriété collective des tribus doit nécessairement être établie par titre; faute de titre, les tribus n'ont sur leurs terres qu'un droit de jouissance, droit assimilé par le projet à un usufruit sur un fonds dont la nue propriété est à l'État. Le projet stipule, en outre, que les droits de jouissance des tribus ou fractions de tribus ne pourront être aliénés sans l'autorisation du Gouvernement, qu'ils se perdront par la révolte ou l'abandon volontaire du sol, qu'enfin l'État pourra toujours les racheter par voie de cantonnement, c'est-à-dire par la cession d'un titre de propriété pleine et entière sur une partie des terres occupées à titre de jouissance. En revanche, quand les indigènes auront élevé des constructions sur

des terrains dont ils ont seulement la jouissance, ils auront droit à la propriété pleine
et entière de ces terrains sur une superficie qui sera déterminée par l'administration.

Après avoir ainsi constitué la propriété,
le projet en règle la transmission. Entre
musulmans, elle a lieu suivant la loi musulmane, sauf l'abolition des substitutions
appelées *habous*, entre toutes autres personnes suivant le Code civil.

Toutefois, pour les transmissions d'indigène à Européen, on a cru devoir prescrire des règles particulières. D'abord ce-
transmissions ne sont généralement libres
que dans les territoires civils ou dans les
zones ouvertes à la colonisation par arrêtés
ministériels; des permissions spéciales et
individuelles du gouverneur général sont
nécessaires pour acquérir hors de ces limites. De plus, elles ne peuvent avoir lieu
que par actes notariés ou par jugements;

les uns et les autres doivent être transcrits et publiés. Mais, en même temps, toute action en revendication appartenant, soit au domaine, soit à des tiers, sur les immeubles vendus, est prescrite par deux ans, à partir de la transcription.

La propriété, soit européenne, soit indigène, est soumise, comme en France, à l'expropriation et à l'occupation temporaire pour cause d'utilité publique.

L'expropriation a lieu par voie administrative. L'utilité publique est déclarée, suivant les cas, par le Président, le gouverneur général ou les préfets ; l'expropriation est prononcée et l'indemnité réglée en territoire civil par les conseils de préfecture, en territoire militaire par les commissions administratives, sauf recours au conseil colonial pour violation des formes. Celles-ci doivent être déterminées par un règlement du conseil d'Etat. Le projet ajoute quelques règles sur la fixation des indemnités et l'appréciation de la plus-value.

La prise de possession en cas d'urgence et l'occupation temporaire sont réglées comme en France. Seulement la liquidation des indemnités est attribuée aux conseils administratifs.

Un motif particulier d'expropriation, emprunté aux ordonnances antérieures, est l'inculture. Aux termes de l'article 30 du projet, le gouverneur général a le droit de déterminer, dans les départements, les zones où la culture sera obligatoire et la superficie des terres à cultiver pour chaque propriété. Les terres restées incultes, nonobstant les arrêtés, doivent être vendues aux enchères publiques, au profit du propriétaire et à la poursuite de l'État.

De plus, en certains cas, la propriété indigène est soumise au séquestre. Le projet rappelle les principales dispositions de la

2

législation en vigueur sur cette matière, et renvoie le détail à un décret particulier.

Telles sont les principales dispositions du projet du Gouvernement. Comme on peut le voir par cette courte analyse, le caractère de ce projet est tout politique ; il déroge également au droit français et au droit musulman, et crée un droit mixte approprié aux besoins de la colonie.

Le conseil d'Etat, chargé d'examiner le travail de la commission consultative de l'Algérie, lui a conservé son caractère et s'est contenté d'en améliorer la rédaction. Le 24 mars 1851, le projet adopté par le conseil d'Etat fut présenté à l'Assemblée nationale par le ministre de la guerre, M. le général Randon.

Il ne comprend plus que quarante-deux articles, divisés en cinq titres seulement. Il a paru inutile de faire un titre à part *de la cessation des droits de jouissance.*

Le conseil d'État a trouvé trop rigoureuses et même rétroactives les conditions
imposées par le projet à la propriété indigène. Il se contente de maintenir les droits
acquis, renvoyant aux tribunaux toutes les
contestations qui pourront s'élever sur
l'existence, la nature et l'étendue de ces
droits. Il réserve seulement la nécessité de
l'autorisation du Gouvernement pour les
aliénations de tribu à tribu.

Le projet du Gouvernement attribuait au
domaine de l'État les canaux, les lacs salés
et les sources, ainsi que les mines et minières; le conseil d'État fait entrer les canaux, les lacs salés et les sources dans le
domaine public et renvoie à une loi spéciale la question des mines et minières.

Le titre *des acquisitions* n'a reçu que
deux modifications importantes. Aux localités dans lesquelles les transactions immobilières sont interdites, le conseil d'État
ajoute les terres occupées par des tribus,

même en territoire civil. Il stipule, en outre, qu'entre toutes parties privées, la propriété de tous immeubles acquis avec juste titre sera prescrite par cinq ans, à partir de la transcription.

L'expropriation, pour cause d'utilité publique, reste réglée comme au projet primitif. Seulement, la voie de l'appel au conseil de Gouvernement, celle du recours au conseil d'Etat pour violation de la loi est ouverte aux parties contre les décisions des conseils administratifs.

Enfin, et c'est là peut-être la modification la plus importante, l'article 30 du projet primitif, qui donnait à l'administration le droit de rendre la culture obligatoire et d'exproprier les récalcitrants, est supprimé.

Pendant que le projet du Gouvernement s'élaborait au conseil d'Etat, la commission spéciale, nommée par l'Assemblée nationale pour préparer les lois de l'Algérie, avait présenté, de son côté, le 6 juillet 1850, un projet de loi sur la propriété.

Ce projet se bornait à quinze articles, divisés en quatre titres dont le premier était relatif au domaine national, le second au domaine départemental et communal, le troisième à la propriété privée, et dont le quatrième contenait des dispositions générales.

Tandis que le projet du Gouvernement et celui du conseil d'Etat veulent créer, hors du droit commun, un régime spécial pour l'Algérie, le projet de la commission tend à l'assimilation immédiate de la colonie à la métropole. Il ne s'occupe des indigènes que dans un seul article pour reconnaître leurs droits de propriété ou de jouissance et interdire, en règle générale, l'aliénation d'immeubles dépendant du territoire d'une tribu au profit de personnes étrangères à la tribu. Le reste du projet n'est qu'un renvoi au droit commun ; seulement, comme la loi française n'a pas été faite en vue de l'Algérie, quelques dispositions nouvelles sont admises. Ainsi, le projet attribue à l'Etat les biens du Beylick et les biens déjà réunis ou séquestrés ; il donne aux départements une part dans le produit de l'impôt arabe, aux départements et aux communes une part dans le produit de l'octroi des portes de mer, et il renvoie à une loi la question des concessions. L'expropriation est confiée aux tribunaux civils, dans les formes tracées par l'ordonnance de 1844.

Enfin, le projet maintient en vigueur l'ordonnance du 21 juillet 1846 sur la vérification des titres de propriété ; jusqu'à l'achèvement des opérations commencées, et abroge toutes les dispositions contraires de la législation antérieure, notamment le régime des terres incultes et des marais.

Si les projets du Gouvernement et du conseil d'Etat avaient péché par excès de précaution, le projet de la commission

tombait dans l'excès contraire, et ne sim-
plifiait qu'en apparence, passant sous silence des questions qu'il eût fallu résoudre.
Une transaction eut lieu ; le projet du conseil d'Etat ayant été soumis à l'Assemblée,
la commission reprit son premier travail,
le compléta, et, d'accord avec le Gouvernement, présenta, le 29 mars 1851, un nouveau projet divisé en cinq titres et compre-
nant vingt-un articles.

Ce projet a été adopté et converti en loi
par l'Assemblée, le 17 juin 1851.. Quelques amendements, accueillis lors de la discussion, ont porté le nombre des articles à
vingt-trois.

Un mot, maintenant, sur le but et le plan
de ce travail.

J'ai voulu faire le commentaire de la loi
sur la propriété en Algérie. La législation algérienne touche à d'assez nombreux intérêts

et présente assez de difficultés d'interprétation pour qu'un travail de ce genre soit utile.

Sous chaque article il m'a paru nécessaire
de donner un exposé historique de la législation antérieure depuis 1830 ; puis, pour
faire comprendre le sens et la portée de la
loi, de montrer en quoi elle déroge au droit
antérieur, au droit français, au droit musulman ; enfin d'indiquer tous les arrêts qui
ont été rendus sur des points de législation
algérienne, soit par la cour de cassation,
soit par le conseil d'Etat.

Quand la loi algérienne reproduit purement et simplement la loi française, il suffisait d'en avertir et de renvoyer au droit
commun, réservant le commentaire pour les
dispositions spéciales à l'Algérie. En revanche, on trouvera dans ce volume toutes les
dispositions de la législation algérienne auxquelles la loi renvoie ou qui s'y rattachent ;
ainsi, l'ordonnance du 9 novembre 1845
sur le domaine, le décret du 26 avril 1851

sur les concessions, l'ordonnance du 1er octobre 1844 sur l'expropriation, celle du
21 juillet 1846 sur la vérification des titres
de propriété rurale, celle du 31 octobre
1845 sur le séquestre.

Je me suis entouré de tous les documents que j'ai pu recueillir. Les travaux
préparatoires qui ont précédé la confection
de la loi m'ont fourni les plus précieux
matériaux. J'ai consulté, notamment, les
procès-verbaux des séances du comité consultatif de l'Algérie (1), l'exposé des motifs
du projet préparé par ce comité, l'avis
du conseil d'Etat, les deux rapports de
M. Henri Didier, l'exposé des motifs du
projet présenté par le ministre à l'Assemblée, et les discussions dans le sein de
l'Assemblée. J'ai consulté également les

----

(1) Je dois la communication de ces procès-verbaux à la bien-
veillance de M. le général Daumas, directeur des affaires de
l'Algérie au Ministère de la guerre. M. Carteret, rapporteur de
la commission du conseil d'Etat, a bien voulu me confier ses
notes.

travaux des commissions de 1833 et de 1842, et tout ce qui a été publié sur la législation et le droit de propriété en Algérie.

Je regrette de n'avoir pu connaître qu'un petit nombre d'arrêts de la cour d'appel d'Alger. La jurisprudence locale m'aurait sans doute été d'un grand secours pour trouver et pour résoudre les difficultés, mais elle ne se trouve malheureusement dans aucun recueil, au moins d'une manière complète.

DE LA PROPRIÉTÉ

EN ALGÉRIE,

COMMENTAIRE DE LA LOI DU 17 JUIN 1851.

TITRE Ier.

Du domaine national.

ARTICLE PREMIER.

Le domaine national comprend le domaine public et le domaine de l'État.

Parmi les biens qui appartiennent à la nation, il en est qui pourraient être possédés par tout autre propriétaire. L'État en jouit au même titre et de la même manière qu'un simple particulier jouit de son patrimoine. Ils peuvent être aliénés, prescrits, en un mot, ils sont dans le commerce. C'est le *domaine de l'Etat*.

D'autres, à raison de leur nature, de leur destination ou même de leur importance, sont considérés par la loi comme ne pouvant et ne devant appartenir qu'à la nation, dans l'intérêt de tous. Mis hors du commerce comme non susceptibles de propriété privée, ils ne peuvent être ni aliénés ni prescrits. C'est le *domaine public*. (*Code civil*, art. 541, 2226 et 2227.)

Les départements et les communes ont, de même que la nation, outre leurs biens ordinaires, des biens inaliénables et imprescriptibles qui forment leur domaine public.

Les articles suivants indiquent la composition de l'un et de l'autre domaine en Algérie.

Art. 2.

Le domaine public se compose,

1° Des biens de toute nature que le Code civil et les lois générales de la France déclarent non susceptibles de propriété privée ;

2° Des canaux d'irrigation et de dessèchement exécutés par l'État ou pour son compte, dans un but d'utilité publique, et des dépendances de ces canaux ; des aqueducs et des puits à l'usage du public ;

3° Des lacs salés, des cours d'eau de toute sorte et des sources.

Néanmoins sont reconnus et maintenus tels qu'ils existent les droits privés de propriété, d'usufruit ou d'usage légalement acquis, antérieurement à la promulgation de la présente loi, sur les lacs salés, les cours d'eau et les sources ; et les tribunaux ordinaires restent seuls juges des contestations qui peuvent s'élever sur ces droits.

5

En vertu du paragraphe 1er de notre article, font partie du domaine public en Algérie :

Les rivages de la mer, mis de tout temps hors du commerce, dans l'intérêt de la défense des côtes et pour les besoins de la navigation. (*Code civil*, art. 538.) Remarquons en passant que, par *Rivages de la mer*, il faut entendre tout l'espace que le plus grand flot d'hiver vient recouvrir. Cette définition, donnée par les jurisconsultes romains, est la seule exacte pour les bords de la Méditerranée (1);

Les ports, havres, rades et leurs dépendances; (*Code civil*, art. 538.)

Les routes, les chemins de fer, les ponts, et, en général, toutes les voies de communication ouvertes au public par l'État ou pour son compte; (*Code civil*, art. 538.)

Les fortifications des places de guerre et leurs dépendances. (*Code civil*, art. 540.) En Algérie, c'est au pouvoir exécutif qu'il appartient de dresser le tableau des places de guerre et d'en arrêter le classement (2).

---

(1) Instit. II, 1, § 3 : *Est autem littus maris quatenus hibernus fluctus maximus excurrit.*

(2) Voir la loi du 17 juillet 1819. Aujourd'hui, en France, ce

Le 2e paragraphe de notre article ajoute à cette énumération les canaux, aqueducs et puits publics. Ce n'est pas là une extension du droit commun ; mais dans un pays aride et en grande partie inculte, comme l'Algérie où les eaux doivent être aménagées avec un soin tout particulier, il a paru nécessaire d'attribuer expressément au domaine public tous les travaux exécutés par l'État ou pour son compte, afin de distribuer les eaux sur le territoire.

Jusqu'ici notre article n'offre pas de difficultés, mais il n'en est peut être pas de même du 3e paragraphe qui attribue au domaine public en Algérie tous les cours d'eau sans exception, les lacs salés et les sources. « Il est à remarquer, dit l'exposé de motifs du projet présenté par le Ministre à l'Assemblée, que dans nos provinces algériennes aucun cours d'eau ne rentrerait peut-être dans le domaine public, si le texte du Code civil était conservé sur ce point. Au surplus, la propriété publique de ces objets a été réservée formellement

---

classement appartient au Pouvoir législatif (Loi du 10 juillet 1851, art. 6). Mais il a été reconnu, lors de la discussion, que cette loi ne pouvait être appliquée en Algérie.

dans tous les actes de concessions rurales émanés de l'administration (1). »

Cette disposition a été vivement combattue à l'Assemblée, lors de la deuxième et de la troisième lecture (2). **MM.** Raudot, Charamaule, Darblay ont exprimé la crainte de créer un précédent dont l'administration s'emparerait un jour pour combattre en France le droit de propriété déjà contesté des riverains. Donner à l'administration le monopole de l'eau en Algérie, dans un pays où elle est si précieuse, c'était, disaient-ils, livrer la propriété à l'arbitraire, et déplacer les juridictions en attribuant aux autorités administratives la connaissance de questions qui sont du ressort des tribunaux civils.

A l'appui du projet de la commission, on a fait remarquer qu'il y allait de l'avenir de la colonie : « Nous vous avons dit que les eaux

---

(1) La clause contenant cette réserve est habituellement conçue en ces termes : « Le concessionnaire ne jouira des sources et cours d'eau existants sur l'immeuble concédé que comme usufruitier, et conformément aux règlements existants ou à intervenir sur le régime des eaux. »

(2) Séances des 25 avril et 16 juin 1851. *Moniteur* des 26 avril et 17 juin.

seraient du domaine public, disait le général de Lamoricière, parce que nous voulons qu'on puisse les louer et non pas les aliéner, parce que nous voulons réserver les droits de l'État pour l'avenir, et pour les colons qui viendront, qui viennent chaque jour, parce que dans ce pays qui est désolé souvent par la sécheresse, si on aliénait la jouissance des eaux, l'État se trouverait à tel ou tel jour dans le plus grand embarras. »

Tel est le motif de la loi ; le sens en est clair : toutes les eaux qui viennent naturellement à la surface du sol sont considérées comme appartenant au domaine public ; ainsi les eaux courantes, les lacs salés (Sebkha) fréquents en Algérie, et les sources naturelles. Pour les eaux qui n'arrivent qu'artificiellement à la surface du sol, elles appartiennent à l'auteur des travaux, sauf le droit de police et de surveillance de l'administration.

Voilà pour l'avenir, mais, et ici se présente une difficulté réelle, quelle règle doit-on appliquer à l'état de choses antérieur ?

Les rédacteurs de la loi ont entendu in-

nover (1). A leurs yeux, en droit musulman
comme en droit français, l'eau courante est
susceptible de propriété privée et ne tombe pas
dans le domaine public ; en droit musulman,
car il y a des faits de propriété privée reconnus
de tout temps en Algérie au profit de tribus et
de particuliers, sur un nombre infini de cours
d'eau et de sources (2) ; en droit français, car
l'article 538 du Code civil n'attribue au domaine public que les cours d'eau navigables ou
flottables, et presque tous les auteurs attri-
buent aux riverains la propriété de tous autres
cours d'eau (3).

En conséquence, notre article reconnaît et
maintient expressément par son dernier paragraphe tous les droits de propriété, d'usufruit
ou d'usage sur les eaux, légalement acquis
avant la promulgation de la loi. Il admet donc

---

(1) *V.* le 2º rapport de M. H. Didier, et la discussion à l'Assemblée.

(2) Si Chadli, kadi de Constantine, a déclaré, dans l'enquête
ouverte par la commission de législation de l'Algérie, qu'en
droit musulman le propriétaire de la terre est propriétaire de
la source (23º séance, 1ᵉʳ mars 1850).

(3) *V.* entre autres Daviel, *Cours d'eau,* t. 2, p. 1 ; Trop-
long : *Prescription,* nº 45 ; Championnière : *De la propriété
des eaux courantes.*

que, sous le régime antérieur, des droits de propriété ont pu être acquis ; il ne sera donc plus permis de soutenir que ces droits n'étaient reconnus ni par la loi française, ni par la loi musulmane. Notre article interprète la législation antérieure, et cette interprétation lie les tribunaux.

Maintenant cette interprétation est-elle fondée au point de vue doctrinal? C'est là une toute autre question, et, en droit musulman comme en droit français, de graves raisons se présentent pour faire entrer tous les cours d'eau dans le domaine public.

En droit musulman, aux faits allégués par le rapport de la commission, et dont il resterait à apprécier la portée, on peut opposer les principes formels posés par les jurisconsultes de l'Islam (1). A leurs yeux tous les hommes ont un droit égal à la jouissance des eaux. L'eau n'est appropriée que quand elle est renfermée dans des vases ou des outres ; et alors même celui qui en manque peut en exiger, fût-ce à

_____

(1) V. dans le *Journal Asiatique* (années 1848 et 1849), le savant travail de M. Ducaurroy sur la propriété en droit musulman.

main armée, dans la limite de ses besoins. On peut ajouter que ce principe de la communauté des eaux a été introduit par les Arabes dans les pays conquis par eux (1).

En droit français, il suffit de rappeler que la jurisprudence s'est prononcée dans un sens contraire à celui qu'adopte la loi nouvelle. L'arrêt de Cassation du 10 juin 1846, a rangé les cours d'eau parmi les choses dont parle l'article 714 du Code civil, qui n'appartiennent à personne et dont l'usage est commun à tous (2).

Quoi qu'il en soit, la controverse se trouve aujourd'hui tranchée pour l'Algérie. La loi nouvelle, en même temps qu'elle range pour l'avenir tous les cours d'eau dans le domaine public, reconnaît pour le passé que les cours d'eau ont pu tomber dans la propriété privée. Elle ajoute même, que les tribunaux

---

(1) Voici comment s'expriment les *usatici* de la Catalogne et du Roussillon, rédigés en 1068 : « Strata, viæ publicæ, aquæ currentes et fontes vivi... in hac patria sunt potestatibus, non ut habeant per alodium vel teneant in dominio, sed sint omni tempore ad imperamentum cunctorum populorum et sine aliquo constituto servitio.

(2) Devilleneuve et Carette, 46, 1, 454.

ordinaires restent seuls juges des contestations qui peuvent s'élever sur les droits antérieurs. Disposition inutile ; car de droit commun, les tribunaux ordinaires sont seuls juges des questions de propriété; mais on a voulu mieux marquer par là qu'on entendait innover et que l'innovation ne pourrait en aucune manière porter atteinte aux droits acquis.

Art. 3.

L'exploitation et la jouissance des canaux, lacs et sources pourront être concédées par l'État dans les cas, suivant les
formes et aux conditions qui seront déterminées par un règlement d'administration
publique.

La destination ou l'importance des biens qui
composent le domaine public, s'oppose bien à
ce qu'ils soient aliénés ou prescrits, mais non
à ce que l'exploitation et la jouissance en soit
concédée à des particuliers. La concession ne
porte en général que sur des revenus accessoires de la chose. C'est ainsi qu'en France,
les canaux et les chemins de fer qui font partie
du domaine public sont exploités par des compagnies.

D'après les articles 6 et 7 de l'ordonnance
du 9 novembre 1845, ceux des biens faisant
partie du domaine public qui sont de nature à
produire des fruits, peuvent être affermés dans
les mêmes formes que les biens de l'État. Les

baux ainsi passés sont essentiellement révocables sans indemnité.

Quant aux concessions proprement dites, elles ne peuvent provisoirement être faites que par décrets du Président de la République rendus de l'avis du conseil d'État. (*V.* plus bas, page 75.) Un règlement d'administration publique en réglera ultérieurement les formes et les conditions.

Art. 4.

Le domaine de l'État se compose,

1° Des biens qui, en France, sont dévolus à l'État soit par les articles 33, 539, 541, 713, 723 du Code civil, et par la législation sur les épaves ; soit par suite de déshérence, en vertu de l'article 768 du Code civil, en ce qui concerne les Français et les étrangers, et en vertu du droit musulman en ce qui concerne les indigènes ;

2° Des biens et droits mobiliers et immobiliers provenant du Beylick, et tous autres réunis au domaine par des arrêtés ou ordonnances rendus antérieurement à la promulgation de la présente loi ;

3° Des biens séquestrés qui auront été réunis au domaine de l'État dans les cas et suivant les formes prévus par l'ordonnance du 31 octobre 1845 ;

4° Des bois et forêts, sous la réserve des droits de propriété et d'usage régulièrement acquis avant la promulgation de la présente loi.

Des règlements d'administration publique détermineront le mode d'exercice des droits d'usage.

Dès les premiers jours de l'occupation française, le domaine de l'État fut constitué par un arrêté du général en chef, en date du 8 septembre 1830, aux termes duquel toutes les maisons, magasins, boutiques, jardins, terrains, locaux et établissements quelconques occupés précédemment par le Dey, les Beys et les Turcs sortis du territoire de la régence d'Alger, ou gérés pour leur compte, ainsi que ceux affectés à quelque titre que ce soit à la Mecque et Médine, rentrent dans le domaine public et sont régis à son profit.

Le domaine ainsi constitué, comprenait trois sortes de biens : 1° Les biens du Beylick, c'est-à-dire les biens ayant appartenu à l'ancien gouvernement ; 2° les biens séquestrés sur les ennemis ; 3° enfin, les biens des corporations religieuses : telles que la Mecque et Médine, les mosquées, les Andalous, les Janissaires, les marabouts, les tombeaux et cimetières, les hospices et hôpitaux.

4.

La réunion du Beylick au domaine de l'État se justifie par le droit de la guerre, le seul fait de la conquête ayant mis le Gouvernement français au lieu et place des anciens deys d'Alger.

L'attribution au domaine de l'État, des biens ayant appartenu aux corporations religieuses souffrit d'abord quelques difficultés. À peine l'arrêté du 8 septembre 1830 avait-il été promulgué que les ulémas et le mufti d'Alger réclamèrent. Les biens furent provisoirement rendus et restèrent pendant quelque temps entre les mains des oukils ou gérants indigènes. Mais le Gouvernement français ne pouvait sans imprudence laisser des biens considérables à des corporations religieuses déjà puissantes, qui auraient pu lui susciter de grands embarras et soudoyer la révolte, sous prétexte de répandre l'aumône. Divers arrêtés furent pris, en ce sens, les 7 décembre 1830, 10 juin 1831, 1er octobre et 4 novembre 1840, 4 juin 1843, 3 octobre 1848. Une décision du Ministre de la guerre, en date du 23 mars 1843, a donné à cette mesure la sanction du Gouvernement ; mais en prenant les biens, l'État s'est soumis à acquitter les charges, et il a contracté l'engagement de subvenir aux frais du

culte, ainsi qu'à toutes les dépenses, pensions
et aumônes prélevées jusque-là sur les revenus
de ces biens.

Des nécessités politiques bien plus impé-
rieuses encore exigeaient le séquestre des
biens appartenant aux ennemis de la France.
Cette mesure rigoureuse, mais de tout temps
pratiquée par les dominateurs de l'Algérie, a
frappé d'abord les Turcs émigrés ou hostiles à
la France (*Arrêtés* des 8 septembre 1830,
10 juin et 11 juillet 1831), puis des populations
entières. C'est ainsi que le séquestre a été établi
à Cherchell le 20 septembre 1840, à Blidah et
Coléah le 1er octobre 1840, à Tlemcen, Boum-
Eddin et Aïn-el-Hout le 14 février 1842, à
Djemmâa-Ghazaouat le 16 décembre 1846.

La forme et les effets du séquestre sont
restés longtemps indéterminés ; seulement,
pour écarter la spéculation, un arrêté du 24
avril 1834, interdit toutes transactions relatives aux biens séquestrés à peine de destitu-
tion pour les notaires ou officiers judiciaires
qui en recevraient les actes, à moins que ces
actes ne fussent consentis par l'administration
des domaines.

Cette importante matière a enfin été réglcmentée par l'arrêté du 1ᵉʳ décembre 1840, et en dernier lieu par l'ordonnance royale du 31 octobre 1845, expressément maintenue en vigueur par la loi. (Art. 4 et 22.)

Enfin, un arrêté du 26 juillet 1834, prescrivant la recherche et la constatation des propriétés domaniales attribue à l'État les biens vacants et sans maître. « Ces biens, dit l'article 3, seront tenus sous le séquestre, lequel sera publié et affiché. Deux ans après ces publications et affiches, le domaine pourra se pourvoir devant les tribunaux, à l'effet d'être autorisé à vendre ou à concéder, sauf le remboursement du prix de la vente ou de la concession à celui qui, dans un nouveau délai de cinq ans, à compter du jour de la vente, justifiera de ses droits (1). »

Cette disposition, confirmée par l'article 137 de l'ordonnance royale du 21 août 1839 sur le régime financier en Algérie, lequel y ajoute les

---

(1) Ces formes ont été bien simplifiées par l'ordonnance du 1ᵉʳ octobre 1844. Aux termes de l'article 10, le domaine est autorisé à vendre les immeubles sur lesquels personne n'a encore fait acte public de possession. La vente doit seulement être annoncée trois mois à l'avance. — En revanche, il n'est plus question de la prescription de cinq ans contre le propriétaire.

propriétés en déshérence, devint pour le domaine une source importante d'acquisitions, surtout quand les ordonnances eurent assimilé aux biens vacants tous les marais (*ord.* du 1ᵉʳ octobre 1844, art. 109 ; *ord.* du 21 juillet 1846, art. 46) et toutes les terres qui n'auraient pas été réclamées dans un certain délai lors de la vérification générale des propriétés. (*Ord.* du 1ᵉʳ octobre 1844, art. 83 ; *ord.* du 21 juillet 1846, art. 5.)

Ces diverses dispositions, qui attribuaient au domaine de l'État les biens du Beylick, ceux des corporations musulmanes, les biens séquestrés et les biens vacants, avaient pourvu au plus pressé ; mais on ne s'était pas occupé de définir le domaine de l'État ni d'énumérer les objets dont il se compose, mesure nécessaire pour prévenir toute incertitude, couper court aux procès et donner toute sécurité aux transactions immobilières. C'est ce que fait notre article qui, du reste, comme nous allons le voir, maintient presque toutes les dispositions antérieures.

Le premier paragraphe est un renvoi au droit commun de la France. En conséquence, appartiennent à l'État :

Les biens acquis par le mort civilement

depuis la mort civile encourue, et dont il se trouve en possession au jour de sa mort naturelle (*Code civil*, art. 33);

Les terrains des fortifications des places qui ne sont plus places de guerre (*Code civil*, art. 541) et en général tous les biens qui ont cessé de faire partie du domaine public, sans entrer dans la propriété privée par titre ou prescription : tels sont les lais et relais de la mer (**1**);

Les biens vacants et sans maître (*Code civil*, art. 539, 713);

Et les biens en déshérence. (*Code civil*, art. 539, 723, 768.)

Les épaves ou choses égarées, dont le propriétaire n'est pas connu, sont aussi attribuées, dans certains cas, au domaine de l'Etat. Ainsi les épaves de mer appartiennent pour un tiers à l'inventeur et pour les deux tiers à l'État, faute de réclamation dans l'an et jour. (*Ord.* de 1681 sur la marine, titre IX; *décret* du 9 août 1791.)

---

(1) L'article 538 du Code civil attribuait les lais et relais de la mer au domaine public, mais l'article 41 de la loi du 16 septembre 1807 les a rendus aliénables et les a fait ainsi rentrer dans le domaine de l'Etat. La cour de cassation a décidé qu'ils étaient prescriptibles (arrêt du 5 novembre 1824).

Les épaves de fleuves doivent être vendues au profit de l'État, faute de réclamation dans le mois. Pendant un mois après la vente, les propriétaires peuvent encore réclamer le prix d'adjudication. (*Ord.* de **1669** sur les eaux et forêts.)

Les épaves de terre doivent être également vendues au profit de l'État, faute de réclamation dans un certain délai. (*Loi* du **31 janvier 1833**, et décision ministérielle du **3 août 1825**.)

Il convient d'ajouter à cette énumération tous les biens acquis par l'État à titre gratuit ou onéreux, ou par voie d'accession.

Telles sont les règles du droit commun sur la composition du domaine de l'État. Il est nécessaire de montrer maintenant comment ces règles peuvent s'appliquer en Algérie.

La mort civile est encourue dans les cas déterminés par la loi française (*Code civil*, art. **22**, **23**, **24**, *Code pénal*, art. **18**), c'est-à-dire dans le cas de condamnation à mort ou aux travaux forcés à perpétuité (1); il n'y a pas de distinction à faire entre les Français et les indigènes,

---

(1) Aux termes de la loi du 8 juin 1850, art. 5, la condamnation à la déportation n'emporte plus mort civile.

ces derniers étant, en matière criminelle, soumis à la juridiction des tribunaux français qui appliquent les lois françaises. (*Ord.* du 26 septembre 1842, art. 38 et 39.) Ajoutons qu'en cas de condamnation par contumace, la mort civile n'est encourue qu'après cinq ans, et ne devient irrévocable qu'après trente ans. (*Code civil*, **30, 32.**)

Aux termes des articles **755, 767** et **768** du Code civil, lorsqu'une personne ne laisse ni parent au douzième degré, ni enfant naturel, ni conjoint survivant, sa succession est acquise à l'État; mais ces articles ne s'appliquent qu'aux successions des Français. C'est, en effet, le statut personnel qui, de droit commun, régit la dévolution des successions. Notre article décide qu'en Algérie ces règles seront également applicables aux successions des colons étrangers. Ces étrangers formant près de la moitié de la population européenne, il a paru nécessaire de leur appliquer la loi française en attendant qu'une loi nouvelle facilitât la naturalisation en Algérie.

Mais quant aux indigènes, dont les procès civils sont portés devant les kadis (*ord.* du 26 septembre 1842, art. 43) et jugés d'après la loi musulmane, il n'était pas possible de les soumettre à l'application de l'article 768 du Code civil. Aussi notre article porte-t-il qu'en ce qui concerne les indigènes, la déshérence sera déclarée conformément au droit musulman.

En droit musulman comme en droit français, le fisc, *Beit el Mâl* (maison des biens), occupe le dernier degré de l'échelle des héritiers de tout individu mort intestat ; mais en droit musulman, les déshérences sont bien plus fréquentes (1).

En effet, en droit français, le parent au douzième degré est encore habile à succéder ; en droit musulman, la successibilité s'arrête au sixième degré.

En droit français, toute personne appelée à succéder recueille la succession tout entière, sauf à partager avec les appelés au même degré; en droit musulman, il y a deux sortes d'héritiers : les uns (*saheb el ferdh*) ne peuvent prendre qu'une portion déterminée de la succession, soit la moitié, le quart, le huitième ou les deux

---

(1) V. la *Notice sur les successions musulmanes*, par M. Solvet, conseiller à la cour d'Alger (dans la *Chrestomathie arabe* de Bresnier, Alger 1846).

tiers, le tiers, le sixième. Tels sont la mère et les ascendantes, les filles et les descendantes, le conjoint, les sœurs, le frère utérin, enfin le père et les ascendants paternels en concours avec des descendants. Les autres (*âceb*) prennent toute l'hérédité après prélèvement des portions légales. Cette classe comprend tous les parents mâles de la ligne masculine.

Le *Beit el Mâl* est considéré comme un héritier *âceb* au dernier degré. A ce titre, il recueille toutes les successions dans lesquelles il n'existe aucun héritier, ou toutes les parts de successions vacantes quand il n'y a que des héritiers à portion légale.

En ce qui concerne l'accession, une difficulté résulte de l'extension donnée par l'article 2 au domaine public en Algérie. D'après le Code civil, les îles et atterrissements qui se forment dans le lit des fleuves et rivières navigables ou flottables appartiennent à l'État (art. 560), mais les îles et atterrissements qui se forment dans le lit des rivières non navigables et non flottables appartiennent aux riverains (art. 561). Ce dernier article peut-il être appliqué en Algérie, où tous les cours d'eau, sans exception, sont du domaine public? Nous pensons que cette appli-

cation est impossible, et qu'en conséquence les
îles ou atterrissements qui se forment dans un
cours d'eau quelconque appartiennent à l'État.
Si l'on admet en effet que, d'après le Code civil, les petits cours d'eau sont la propriété des
riverains (et nous ne pouvons nous dispenser
d'admettre ce système, puisque la loi elle-même
l'admet), l'article 561 n'est que la conséquence
de ce principe et doit disparaître avec lui.

Les paragraphes 2 et 3 de notre article attri-
buent encore au domaine de l'État les biens du
Beylick et les biens séquestrés réunis au domaine de l'État conformément à l'ordonnance
du 31 octobre 1845. Nous avons déjà expliqué
ces deux dispositions empruntées à la législation antérieure, et nous aurons plus bas l'occasion de revenir sur l'ordonnance du 31 octobre
1845.

Le paragraphe 2 ajoute que le domaine de
l'État est maintenu en possession des biens
réunis en vertu des arrêtés et règlements
antérieurs. Nous avons déjà dit quels étaient
ces arrêtés et règlements ; il est inutile d'y revenir ici. Remarquons seulement que, si notre
article consacre les réunions au domaine faites
en vertu de la législation antérieure, il ne main-

tient pas pour cela cette législation ; nous verrons même dans le cours de ce travail qu'elle est aujourd'hui en grande partie abrogée.

Enfin le 4ᵉ paragraphe range dans le domaine de l'Etat les bois et forêts, sauf les droits acquis.

En Algérie, plus encore qu'en France, il importe que les grandes masses de forêts appartiennent à l'État. « Les bois et les forêts, dit M. H. Didier, dans son second rapport, sont, personne ne l'ignore, des biens qui, comme les eaux, sont rares en Algérie et ne s'y rencontrent qu'à des distances fort éloignées les unes des autres. Ils y constituent néanmoins une richesse assez importante et qui vaut la peine d'être conservée. Mais il n'est pas besoin d'invoquer cette considération pour conférer à l'État le droit de s'en saisir. Héritier du Beylick, il s'est tout naturellement trouvé propriétaire de la plupart des bois et forêts que possède l'Algérie, et, en cette circonstance, le projet de loi ne fait que confirmer un fait préexistant et hors de toute contestation (1). »

---

(1) L'étendue approximative des forêts reconnues en 1849 était de 868,015 hectares, dont 168,645 pour la province d'Alger, 429,606 pour celle de Constantine, 269,764 pour celle d'Oran. En y ajoutant les forêts non reconnues, on trouve une étendue

La loi réserve les droits de propriété et d'usage régulièrement acquis avant sa promulgation. A quelles conditions un droit de propriété ou d'usage peut-il être considéré comme régulièrement acquis? Ces conditions sont écrites dans l'article 16 de la loi. Il faut que le droit ait été acquis conformément à la loi française s'il appartient à des Européens, et suivant la loi musulmane s'il appartient à des Musulmans.

En fait, de semblables droits existent partout (1). Plusieurs tribus arabes ou kabyles n'ont d'autre ressources pour nourrir leurs troupeaux pendant plusieurs mois de l'année que le pacage dans les forêts; telles sont les tribus voisines de Milianah, celle des Beni Salah, près de Blidah, celle des Beni Soliman dans la Kabylie. Cette dernière exploitait elle-même ses bois, qu'elle vendait au dey d'Alger. La loi nouvelle maintient expressément tous

d'environ un million d'hectares. *V.* le tableau des établissements français en Algérie, t. 9 (1852).

(1) *V.* les déclarations de Si Chadli, kadi de Constantine et les observations de M. de Fénelon, chef du bureau arabe de Milianah, et de M. le général Daumas (procès-verbaux des séances de la commission de législation de l'Algérie, 22ᵉ, 25ᵉ et 34ᵉ séances, (27 février 1ᵉʳ, et 27 mars 1850).

ces droits; elle se réserve seulement d'en soumettre un jour l'exercice à des règlements d'administration publique, quand ils seront mieux
connus.

L'article 19 de l'ordonnance du 9 novembre
1845 sur le domaine en Algérie portait : « Les
droits des tiers sur les bois et forêts et les cimetières abandonnés ne peuvent être établis
que par des titres réguliers et conformes aux
dispositions de l'article 82 de l'ordonnance du
1er octobre 1844, » c'est-à-dire remontant avec
date certaine à une époque antérieure au 5 juillet 1830, et constatant le droit de propriété, la
situation, la contenance et les limites de l'immeuble (1).

Cette disposition, il faut le dire, était injuste
et même spoliatrice, puisque, en droit musulman, la propriété peut être acquise par prescription et prouvée par témoins, et que d'ailleurs les cimetières, comme les bois et les forêts peuvent être des propriétés privées. Elle
est implicitement abrogée, par l'article 11 de
la loi nouvelle. En ce qui concerne les cime-

---

(1) *V*. Arrêt du conseil d'État du 18 janvier 1851 (Saïd
ben Ali).

tières, l'exposé de motifs du projet du Gouvernement déclare formellement qu'en Algérie,
pas plus qu'en France, la propriété des cîme-
tières ne doit appartenir au domaine de l'É-
tat (1).

---

(1) Exposé de motifs, page 14.

Art. 5.

Les mines et minières sont régies par la
législation générale de la France.

La législation antérieure se contentait de régler la forme des concessions de mines en
Algérie, sans s'occuper de la question de propriété. Les concessions étaient accordées par
arrêtés du Ministre de la guerre. L'ordonnance
du 15 avril 1845, article 62, exigea l'avis du
conseil supérieur d'administration; celle du
21 juillet 1845, article 1er, prescrivit que les
concessions seraient faites par ordonnances
royales, et enfin celle du 1er septembre 1847,
article 5, ajouta que le conseil d'État serait entendu.

C'est alors seulement que le Gouvernement
s'occupa du régime des mines en Algérie (1).
La commission chargée de préparer une ordonnance proposa l'application de la loi de 1810
avec certaines modifications dont la plus importante consistait dans l'attribution des mines

---

(1) Rapport de la commission chargée de la révision de la
législation des mines en Algérie (21 février 1848).

au domaine de l'État. La commission posait en principe qu'en Algérie toute la terre appartient au souverain, d'où la conséquence qu'il n'y a pas de droits préexistants, pas de propriétaires de la surface à indemniser. Mais les événements de 1848 empêchèrent la promulgation de l'ordonnance.

Les auteurs de la loi nouvelle, tout en repoussant le principe admis par la commission de 1848, tout en reconnaissant que la propriété foncière existait en Algérie, avaient cependant proposé d'attribuer les mines et minières au domaine de l'État, par ce motif qu'en Algérie, où tout est à faire, il importait de concentrer entre les mains de l'État ces grands instruments de la richesse commune.

Réduite à ce seul motif, l'innovation ne se trouvait plus suffisamment justifiée, et, sur ce point comme sur beaucoup d'autres, on a fini par retourner au droit commun. Un amendement proposé par M. Raudot et accepté par la commission est devenu l'article 5.

Il n'entre pas dans notre plan d'exposer la législation générale de la France en matière de mines. Il nous suffit de renvoyer à la loi du 21 avril 1810 et aux lois qui l'ont complétée,

telles que la loi du 27 avril 1838 relative à l'as-
séchement et à l'exploitation des mines, et la
loi du 17 juin 1840 sur les mines de sel.

On sait que la loi du 21 avril 1810 a été une
transaction entre le système de la propriété
privée et celui de la propriété publique des
mines. D'après cette loi, l'exploitation d'une
mine ne peut avoir lieu qu'en vertu d'une concession délibérée en conseil d'État. Cette concession transmet au concessionnaire la propriété de la mine, mais à la charge de certaines
redevances, soit envers l'inventeur, soit envers
le propriétaire de la surface, soit envers l'Etat
qui se réserve toujours un droit de police et
de surveillance sur l'exploitation.

L'exploitation des minières a lieu en vertu
d'une permission de l'administration. La commission de 1848 avait proposé de ranger les
minerais de fer dits d'alluvion dans la classe des
mines pour l'exploitation desquelles une concession est nécessaire; mais cette disposition
n'a pas été insérée dans la loi, et les minières
comme les mines sont soumises en Algérie au
droit commun de la France.

Art. 6.

Les biens dépendant du domaine de l'Etat peuvent être aliénés, échangés, concédés, donnés à bail ou affectés à des services publics, dans les formes et aux conditions qui seront ultérieurement déterminées par la loi.

En France, les immeubles qui font partie du domaine de l'Etat ne peuvent être aliénés ni échangés que par des lois spéciales. Ils ne peuvent être affectés à des services publics que par des décrets. Les règles prescrites pour l'administration des biens de l'Etat sont des règles conservatrices.

En Algérie, où l'Etat se trouve possesseur d'une grande étendue de terres, et où il est urgent d'introduire une nombreuse population européenne, le législateur a dû rendre les aliénations plus faciles, sous quelque forme qu'elles eussent lieu. Le meilleur moyen de hâter la colonisation est en effet d'abandonner à l'industrie privée, les terres disponibles qui resteraient improductives entre les mains de l'Etat.

Aux termes de notre article, une loi réglera les conditions et les formes des aliénations ou des amodiations. En attendant, la matière reste régie par l'ordonnance du 9 novembre 1845 et par le décret du 26 avril 1851, qui confèrent à l'administration les pouvoirs les plus étendus.

Après une analyse rapide de la législation antérieure, nous reproduirons, avec les explications nécessaires, les règles actuellement en vigueur.

Un premier arrêté du 8 novembre 1830 interdit jusqu'à nouvel ordre toute aliénation d'immeubles domaniaux et autorisa seulement l'administration à consentir des baux dont la durée n'excéderait pas trois ans. Peu de temps après, le Ministre de la guerre décida que les aliénations pourraient avoir lieu avec son autorisation spéciale. Deux arrêtés du 4 juin 1832 et du 17 octobre 1833 réglèrent l'un la forme des baux, l'autre leur durée dans les villes nouvellement occupées. Cette durée fut portée à trois, six ou neuf ans par l'arrêté du 2 avril 1834, qui prescrivit en même temps les clauses et conditions générales des locations, et décida que, d'après l'avis du conseil d'administration de la régence, les immeubles ruraux pourraient être loués ou concédés pour un temps qui n'excéderait pas quatre-vingt-dix-neuf ans.

Ces dispositions, très-insuffisantes, furent complétées par l'ordonnance royale du 21 août 1839 sur le régime financier en Algérie, qui détermina les formes des affectations, des aliénations, des échanges et des locations (articles 143 à 148. V. les arrêtés des 14 mai 1841, 3 septembre 1842 et 1er mai 1844).

Enfin l'ordonnance royale du 9 novembre 1845 vint remplacer tous les règlements antérieurs. Elle est encore en vigueur aujourd'hui en attendant la loi promise par notre article.

Entre tous les modes d'aliénation du domaine de l'Etat, les concessions jouent le plus grand rôle (1). C'est à la fois, pour l'Etat, le moyen de tirer parti de ses immenses propriétés, et de hâter la colonisation du pays. Aussi cette matière a-t-elle donné lieu à plusieurs règlements spéciaux que nous allons énumérer.

L'arrêté du 2 avril 1834 se bornait à dire

---

(1) Du 28 mai 1850 au 17 janvier 1851, plus de trois mille concessions définitives ont été sanctionnées par décrets présidentiels. (V. Bulletin officiel des actes du Gouvernement en Algérie, nos 382-585 .

que les propriétés domaniales pourraient être concédées ou louées soit par voie d'adjudication, soit de gré à gré pour un temps qui n'excéderait jamais quatre-vingt-dix-neuf ans. La concession, toujours précédée d'une expertise, ne pouvait être opérée qu'en vertu d'un arrêt spécial, rendu d'après une décision du conseil d'administration de la régence, déterminant la durée et les conditions de la transmission.

Cette transmission temporaire répondait mal aux besoins de la colonisation. Ce système fut bientôt abandonné, et l'arrêté du 18 avril 1841, relatif à la formation des nouveaux centres de populations, porte que les colons seront envoyés en possession provisoire des immeubles concédés, à certaines conditions de l'accomplissement desquelles ils devront justifier pour obtenir des titres définitifs. Le concessionnaire peut, avec l'agrément de l'administration, céder sa concession à un tiers ou l'affecter, par hypothèque, à la sûreté d'un emprunt ayant pour cause des dépenses de construction et de mise en culture. Jusqu'à la délivrance du titre définitif, l'Administration reste seule compétente pour statuer sur les contestations relatives aux biens concédés.

Ce système, qui donnait aux concession-naires une propriété sous condition suspensive, a été successivement développé par trois or-donnances.

Celle du **21 juillet 1845** réserve au Roi le droit de statuer sur la fondation des nouvelles villes ou villages et sur les concessions ; elle permet seulement au Ministre de la guerre de concéder provisoirement les terrains de moins de **100** hectares. Le Ministre de la guerre pro-nonce les déchéances, sauf recours au conseil d'Etat, et donne l'autorisation d'aliéner ou d'hypothéquer les biens concédés. Une rente annuelle et perpétuelle sera toujours stipulée au profit de l'Etat dans tout acte de conces-sion.

L'ordonnance du **5 juin 1847** vint compléter ces dispositions. Elle conféra au gouverneur général le pouvoir d'autoriser les concessions de **25** hectares et au-dessous sur le territoire des nouveaux centres de population régulière-ment approuvés ; elle régla la forme des de-mandes, reconnut que la rente imposée au concessionnaire ne devait commencer à courir qu'à l'expiration du délai marqué pour l'accom-plissement des travaux, exigea des concessionnaires un cautionnement préalable de 10 francs par hectare, détermina la forme et les effets du titre provisoire, régla la vérification des travaux, enfin autorisa le gouverneur général et le Ministre à accorder, en cas d'excuse, des prorogations de délai pour l'achèvement de ces mêmes travaux.

L'ordonnance du 1er septembre 1847 ayant divisé l'Algérie en trois provinces, administrées par des directeurs civils (aujourd'hui par des préfets) une autre ordonnance du même jour est venue modifier quelques articles de la législation sur les concessions. Celles-ci purent désormais être accordées jusqu'à 25 hectares par les directeurs civils, jusqu'à 100 hectares par le gouverneur général. Ces fonctionnaires reçurent dans les mêmes limites le droit d'autoriser les hypothèques et substitutions, et d'accorder des prorogations de délai. Enfin les concessionnaires indigènes furent dispensés du cautionnement.

L'expérience ne tarda pas à faire comprendre que ces précautions multipliées dépassaient le but, et devenaient un obstacle à la colonisation. Aussi, pendant que l'Assemblée nationale discutait le projet de loi sur la propriété en Algéric, le Gouvernement s'occupa de donner aux concessionnaires plus de garanties en leur imposant moins de charges. Le décret du Président de la République, en date du 26 avril 1851, remplaça la propriété sous condition suspensive par une propriété sous condition résolutoire. En attendant la loi promise par notre article, la matière des concessions en Algérie est régie par ce décret combiné avec un petit nombre de dispositions des trois ordonnances antérieures.

Voici maintenant le texte annoté de l'ordonnance royale du 9 novembre 1845 et du décret présidentiel du 26 avril 1851 :

Ordonnance du 9 novembre 1845 sur le Domaine en Algérie.

TITRE PREMIER.

ADMINISTRATION DES BIENS DU DOMAINE DE L'ÉTAT ET DU DOMAINE PUBLIC.

« ART. 1er. Il sera dressé pour chaque province un état général des biens domaniaux, indiquant leur situation, leur consistance, leur emploi et leurs produits. Ces états seront tetus constamment à jour. Ils seront centralisés à la direction des finances et du commerce (aujourd'hui à la préfecture de chaque département) et transmis à notre Ministre de la guerre par le gouverneur général. Il sera rendu compte chaque mois à notre Ministre de la guerre des modifications faites auxdits états pendant le mois précédent.

« ART. 2 (1). Lorsqu'il y a lieu d'affecter un bien domanial à un service public, la demande en est faite par le chef de service, et elle est communiquée au directeur des finances et du commerce (aujourd'hui au préfet).

« Elle est effectuée par une décision de notre Ministre de la guerre, rendue sur la proposition ou l'avis du gouverneur général, le conseil supérieur d'administration entendu (2).

---

(1) En France, l'affectation d'un bien domanial à un service public ne peut être effectuée que par un décret du Gouvernement (arrêté du 13 messidor an X art. 5, ordonnance du 14 juin 1833). En Algérie, une décision ministérielle suffit. L'ordonnance du 21 août 1839 art. 144 se contentait d'une décision du gouverneur général.

(2) L'arrêté du 9 décembre 1848, qui a remplacé le conseil supérieur d'administration par un conseil de Gouvernement, n'exige plus l'avis de ce conseil que pour l'aliénation et l'échange des immeubles de l'Etat (art. 10, n° 7).

« ART. 3. Il sera dressé un tableau de ces affectations. Ce tableau sera constamment tenu à jour. Il contiendra la date de l'affectation et l'indication du service auquel l'immeuble est affecté, ainsi que sa valeur estimative.

« ART. 4 (1). Les immeubles domaniaux qui ne sont pas affectés à un service public doivent être affermés dans les formes suivantes :

« Les baux ont lieu aux enchères publiques, sur des cahiers de charges approuvés par notre Ministre de la guerre. Ils sont faits dans la forme administrative et passés par le directeur des finances et du commerce (aujourd'hui par le préfet).

« Néanmoins, si des circonstances exceptionnelles l'exigent, les baux peuvent être faits de gré à gré, avec l'autorisation préalable et spéciale de notre Ministre de la guerre, sur l'avis du conseil supérieur d'administration (2).

« La durée des baux n'excédera pas neuf ans.

---

(1) En France, les règles sur l'amodiation des biens de l'Etat sont les mêmes, seulement les baux de gré à gré ne sont pas admis.

(2) Cet avis n'est plus exigé. V. la note sur l'art. 2.

« Art. 5. Lorsqu'il y a lieu d'affermer en tout ou en partie des immeubles ou portions d'immeubles domaniaux affectés à un service public, il est procédé conformément à l'article précédent.

« Art. 6 (1). Ceux des biens faisant partie du domaine public, ou considérés comme des dépendances de ce domaine, et qui sont de nature à produire des fruits, peuvent être momentanément affermés dans les formes établies par l'article 4 de la présente ordonnance.

« Art. 7. Les baux mentionnés aux articles 5 et 6 sont essentiellement révocables sans indemnité.

« Art. 8. Toute cession de bail doit être autorisée par notre Ministre de la guerre, sinon elle sera de plein droit nulle et de nul effet sans qu'il soit besoin de jugement. »

---

(1). Nous avons déjà cité cet article et le suivant dans notre commentaire sur l'article 5 de la loi.

TITRE II.

ALIÉNATION DES BIENS DOMANIAUX.

« Art. 9. Les immeubles dépendants du domaine de l'Etat peuvent être aliénés,

« 1° Aux enchères publiques ;

« 2° Par vente de gré à gré et sur estimation préalable ;

« 3° Par voie d'échange ;

« 4° Et à titre de concession, soit individuelle à des colons ou à des indigènes, soit collective à des communes.

« Notre Ministre de la guerre détermine celui des modes à suivre dans chaque cas spécial.

« Art. 1 (1). Les ventes aux enchères publiques auront lieu en vertu d'autorisations de notre Ministre de la guerre, le conseil supé-

---

(1) En France, l'aliénation des biens de l'Etat, soit par vente, soit par échange, ne peut avoir lieu qu'en vertu d'une loi. V. la loi du 1er décembre 1790 art. 8. En Algérie, on distingue les ventes aux enchères qui peuvent être autorisées par arrêtés ministériels et les ventes de gré à gré pour lesquelles un décret du Pouvoir exécutif est nécessaire.—L'ordonnance du 21 août 1839 art. 145 se contentait pour toutes les ventes d'un arrêté du gouverneur général approuvé par le Ministre.

rieur d'administration (aujourd'hui le conseil de Gouvernement) entendu, sur une mise à prix établie par expertise.

« Les adjudications ne seront valables et exécutoires qu'en vertu de l'approbation de notre Ministre de la guerre.

« L'entrée en possession de l'adjudicataire n'aura lieu qu'après cette approbation, sauf les cas d'urgence reconnue.

« ART. 11. Les ventes de gré à gré sont précédées d'une estimation contradictoire.

« Le directeur des finances et du commerce (aujourd'hui le préfet) prépare l'acte de vente. Cet acte est soumis à l'examen du conseil supérieur d'administration (aujourd'hui le conseil de Gouvernement) et transmise à notre Ministre de la guerre par le gouverneur général avec son avis personnel.

« Il est statué définitivement par une ordonnance royale (aujourd'hui par un décret du Président de la République) rendue sur le rapport de notre Ministre de la guerre.

« ART. 12. Lorsque le procès-verbal d'expertise établit une estimation inférieure au capital de 5,000 francs, ou à une rente représentant cette somme (1), l'acte de vente est approuvé par notre Ministre de la guerre, qui nous soumet tous les trois mois un état des ventes effectuées dans l'intervalle pour être sanctionnées par une ordonnance royale (aujourd'hui par un décret du Président de la République).

« ART. 13 (2). Toute demande en échange est soumise au conseil supérieur d'administration (aujourd'hui au conseil de Gouvernement) par le directeur des finances et du commerce (aujourd'hui par le préfet), avec les titres de propriété et l'état des charges, servitudes et hypothèques.

---

(1) C'est-à-dire à une rente de cinq cents francs. L'intérêt légal en Algérie est fixé au taux de 10 pour cent (ordonnance du 7 décembre 1835, arrêtés présidentiels des 4 novembre 1848 et 11 novembre 1849).

(2) Aux termes de l'ordonnance du 21 août 1839, art. 146, l'échange des immeubles domaniaux devait avoir lieu dans les mêmes formes que l'aliénation, c'est-à-dire par simple arrêté ministériel, sans qu'une expertise fût nécessaire. Les articles 13, 14 et 15 de l'ordonnance du 9 novembre 1845 reproduisent les règles tracées pour les échanges d'immeubles domaniaux situés en France par l'ordonnance du 24 décembre 1827. La seule différence importante consiste en ce que la sanction du pouvoir législatif n'est pas exigée. Il suffit donc de renvoyer ici à l'ordonnance de 1827.

« Si le conseil supérieur est d'avis de l'utilité de l'échange, il est procédé contradictoirement à l'estimation des biens par trois experts désignés : l'un par le directeur des finances et du commerce (aujourd'hui par le
préfet), l'autre par le propriétaire; le troisième
par le président du tribunal de la situation des
biens (1).

« Les résultats de l'expertise sont constatés
par un procès-verbal que les experts affirment
devant le même magistrat.

« Le conseil supérieur d'administration (aujourd'hui le conseil de Gouvernement) déli-
bère sur les conditions de l'échange; le gouverneur général donne son avis, et notre Ministre décide s'il y a lieu de passer acte avec
l'échangiste.

« ART. 14. Le contrat d'échange détermine
la soulte à payer s'il y a lieu. Il contient la désignation de la nature, de la consistance et de

---

(1) L'ordonnance porte *le tribunal de la situation des biens*;
mais il n'y a de tribunaux que dans les territoires civils. Comment faudra-t-il procéder si l'immeuble à échanger est en territoire militaire? La réponse à cette question se trouve dans
l'article 15 de la loi nouvelle. Il faudra demander l'expertise au
tribunal civil le plus voisin.

la situation des immeubles avec énonciation des charges et servitudes dont ils seraient grevés. Il relate les titres de propriété, les actes qui constatent la libération du prix, enfin les procès-verbaux d'estimation qui doivent y demeurer annexés.

« Le contrat d'échange est sanctionné, s'il y a lieu, par une ordonnance royale (aujourd'hui un décret du Président de la République), rendue sur le rapport de notre Ministre de la guerre. L'entrée en possession de l'échangiste n'a lieu qu'après cette sanction.

« ART. 15. Le contrat d'échange est enregistré gratis et transcrit sans autres frais que le salaire du conservateur. La soulte est régie quant au droit proportionnel d'enregistrement par les dispositions relatives aux aliénations des biens de l'Etat.

« Les frais de l'échange sont supportés moitié par l'Etat, moitié par l'échangiste.

« Les formalités établies par l'article 2194 du Code civil, par les avis du conseil d'Etat des 9 mai 1807 et 5 mai 1812 et par l'article 834 du Code de procédure civile sont remplies à la diligence de l'administration des domaines.

« S'il existe des inscriptions sur l'échangiste, il est tenu d'en rapporter mainlevée et radiation dans quatre mois du contrat d'échange, à moins qu'il ne lui ait été accordé un plus long délai. Faute par lui de rapporter ces mainlevée et radiation, le contrat d'échange est résilié par notre Ministre de la guerre, et l'échangiste demeure passible de tous les frais auxquels l'échange a donné lieu.

« L'acte d'échange, ainsi que toutes les pièces et titres de propriété, sont déposés aux archives de la direction des finances et du commerce (aujourd'hui aux archives de la préfecture) (1).

---

(1) Il est inutile de reproduire ici les cinq derniers articles de l'ordonnance. Les articles 16, 18 et 19 relatifs, le premier aux échanges de terres incultes, le second à la compétence, le troisième à la preuve des droits réclamés par des particuliers sur les bois et les cimetières sont abrogés par les articles 23, 13 et 11 de la présente loi. L'article 17 est un renvoi qui a cessé d'être exact, et l'article 20 ne contient que l'abrogation des dispositions antérieures.

Décret du Président de la République,

DU 26 AVRIL 1851 (1).

« ART. 1er. Les ordonnances des 21 juil-

---

(1) L'article 109 de la Constitution du 4 novembre 1848 portait que l'Algérie serait désormais régie par des lois spéciales. Il semble au premier abord que, sous l'empire de cette constitution, le Président de la République n'a pu rendre un décret sur les concessions en Algérie sans usurper le pouvoir législatif.

Cette question a été plusieurs fois agitée à l'occasion d'autres décrets, et il a toujours été reconnu que le Pouvoir exécutif n'avait pas excédé son droit, que les décrets étaient constitutionnels et exécutoires.

Ainsi, dans son avis sur le projet du décret du 11 novembre 1849, relatif à l'intérêt de l'argent en Algérie, le conseil d'Etat a reconnu que tant que l'interprétation de l'art. 109 n'aurait pas été réglée par une loi, le Pouvoir exécutif pouvait statuer par des décrets sur une partie des questions, réservant au Pouvoir législatif les questions les plus importantes.

La cour de cassation s'est prononcée dans le même sens le 19 avril 1851 par un arrêt longuement motivé dont voici les termes :

« Attendu que les possessions françaises de l'Algérie ont été, dès l'origine de l'occupation, soumises à l'autorité législative des ordonnances, ainsi que l'a déclaré l'article 4 de l'ordonnance du 22 juillet 1834, et que le Pouvoir exécutif était conséquemment investi du droit, soit d'établir lui-même des dispositions législatives, soit de rendre applicables, en tout ou en partie, à cette colonie les lois faites pour la métropole.

« Attendu que l'article 109 de la Constitution, en disant que l'Algérie sera régie par des lois particulières, jusqu'à ce qu'une loi spéciale la place sous le régime de la Constitution, n'a pas eu pour objet de faire cesser immédiatement l'état législatif de

let 1845, 5 juin et 1er septembre 1847

---

l'Algérie et de le soumettre sans transition à la nécessité de lois nouvelles, pour tout ce qui pourrait intéresser le maintien de l'ordre et la conservation de la colonie.

« Attendu que le sens de cet article doit être fixé par l'interprétation qu'avait reçue dans des circonstances analogues l'article 64 de la Charte de 1830, qui portait : « Les colonies « sont régies par des lois particulières » ; que, nonobstant cette formule impérative, il fut reconnu que le Pouvoir exécutif n'était pas à l'instant complétement dépouillé de l'autorité législative dans les colonies ; que, jusqu'à ce que la loi du 24 avril 1833 eût fait un partage d'attributions entre le pouvoir législatif et le pouvoir exécutif, et eût posé la limite précise dans laquelle celui-ci devrait se renfermer à l'avenir, ce dernier a continué à faire des actes législatifs pour les colonies dans quelques cas urgents ; que cette interprétation fut admise sans contestation par le Pouvoir exécutif, par les chambres législatives et par les tribunaux.

« Attendu que la similitude qui existe entre la position qu'avait créée aux colonies l'article 64 de la Charte de 1830 et celle que l'article 109 de la Constitution a faite à l'Algérie, conduit à la même solution de la question transitoire dans les deux cas et doit faire admettre que, jusqu'à ce qu'il ait été pourvu à l'urgence d'une loi de départ d'attributions, le Pouvoir exécutif conserve la faculté de prendre des mesures ayant un caractère législatif destinées à subvenir aux besoins pressants de l'ordre et de la tranquillité dans l'Algérie.

« Que ce droit, rendu d'autant plus nécessaire par la présence dans cette province éloignée d'une nombreuse population indigène ou étrangère, et par les dangers du voisinage de tribus en hostilité sans cesse renaissante contre l'autorité française, a été exercé sans qu'aucune réclamation se soit élevée dans le sein de l'Assemblée nationale contre les actes législatifs du chef du Pouvoir exécutif intervenus depuis la promulgation de la Constitution.

« Qu'ainsi l'arrêté du 28 novembre 1848, sur les clubs et les

sont modifiées ainsi qu'il suit (1) :

« ART. 2 (2). Les concessions d'une éten-

---

sociétés secrètes, bien qu'émané du président du conseil chargé
du Pouvoir exécutif, postérieurement à la Constitution, ne lui
est cependant pas contraire. » (Cour de cassation, chambre criminelle, arrêt du 19 avril 1851.)

(1) Il eût beaucoup mieux valu abroger ces trois ordonnances
et reproduire les articles maintenus. Ce sont pour l'ordonnance
du 21 juillet 1845 les articles 1 et 8, pour celle du 5 juin 1847
les articles 5, 7, 11, 13 et 15, pour celle du 1er septembre 1847
les articles 1, 2 et 5.

(2) Celles de cinquante hectares et au-dessus jusqu'à cent
hectares sont autorisées par le gouverneur général; celles de
cent hectares et au-dessus, et en général les concessions de
forêts, de mines, de sources minérales, de sources d'eau salée
et de marais sont accordées par arrêtés du Président de la République, sur le rapport du Ministre de la guerre, le conseil
d'Etat entendu. Ces arrêtés sont publiés dans les recueils officiels. (Ordonnance du 1er septembre 1847, art. 1 et 5 ; ordonnance du 21 juillet 1845, art. 1er.)

« Jusqu'à ce jour, disait l'exposé de motifs, il n'a été accordé
aux autorités provinciales de l'Algérie qu'une insuffisante délégation de pouvoir pour la délivrance des concessions. Il en résulte que beaucoup de demandes échappant à leur compétence
par l'application des principes exagérés de contrôle et de centralisation sont soumises à des lenteurs nuisibles à tous les intérêts. Le projet (art. 2 et 14) remédie dans une limite raisonnable à cet inconvénient, en élevant de 25 à 50 hectares le
maximum des concessions pouvant être accordées sur place
par les soins des autorités provinciales. De cette manière,
toutes les concessions destinées à constituer la petite et la
moyenne propriété, qui sont les plus nombreuses et qui exigent
plus impérieusement que les autres une décision prompte,
seront toujours délivrées très-rapidement. »

7

due de moins de cinquante hectares sont autorisées par le préfet sur l'avis du conseil de préfecture.

« ART. 3 (1). Les actes de concession en

---

(1) Cet article apporte une innovation importante à la législation antérieure. « Aujourd'hui, dit l'exposé de motifs, les colons reçoivent au moment de leur mise en possession un *titre
provisoire* indiquant les conditions imposées et le délai accordé
pour leur accomplissement. Pendant toute la durée de ce délai,
le concessionnaire ne peut valablement conférer une hypothèque
sur la propriété ni l'aliéner, en totalité ou en partie, sans l'autorisation préalable de l'administration. Ce délai expiré, il est
procédé à une vérification des travaux effectués; si les conditions sont remplies en totalité, le colon reçoit un titre définitif
de propriété; si elles ne sont remplies qu'en partie, il peut obtenir soit un titre partiel de propriété, soit une prorogation de
délai ; si le colon n'a rien fait, il doit être frappé de déchéance,
et l'immeuble retourne à l'Etat; le titre provisoire ne renferme
ainsi qu'un simple droit de jouissance qui peut, à certaines
conditions, constituer ultérieurement un droit de propriété :
c'est une simple promesse de concession soumise à une condition
suspensive. — Ce mode de concession renferme l'un des vices
principaux de la législation actuelle, car il occasionne de très-
grandes difficultés pour les concessionnaires qui ne peuvent jamais trouver de crédit avec leur titre provisoire qu'à des
taux d'intérêts ruineux. — Le projet (art. 5 et 7) lève ces en-
traves en prescrivant de délivrer immédiatement aux concessionnaires, non plus un simple *titre provisoire*, mais un titre
de *propriété avec clause résolutoire* en cas d'inexécution des
conditions imposées, et en leur conférant, sous la seule réserve
de cette clause résolutoire, le droit d'hypothèquer et d'aliéner,
sous toutes les formes, les immeubles concédés. »
Les conditions stipulées par l'Etat dans les actes de conces-

Algérie conféreront, à l'avenir, la propriété
immédiate des immeubles concédés, à la charge
de l'accomplissement des conditions prescrites.

« Ces actes contiendront les indications por-

---

sion varient suivant la nature des objets concédés et suivant
les circonstances. La principale consiste en une rente annuelle
et perpétuelle (Ordonnance du 5 juin 1847, art. 5). Cette rente
dont le taux varie de un à trois francs par hectare est rache-
table aux termes de l'article 530 du Code civil. Elle n'est exi-
gible qu'après l'expiration du délai accordé au concessionnaire
pour l'entier accomplissement des divers travaux imposés.

Dans tous les actes de concession, l'Etat se réserve la propriété des sources et cours d'eau et des objets d'art qui pourraient être découverts sur la concession. De plus, il impose au
concessionnaire l'obligation d'abandonner sans indemnité les
terrains nécessaires à l'ouverture des routes et canaux de desséchement et d'irrigation, et en général aux travaux d'utilité
publique.

Pour les énonciations que l'acte de concession devra contenir,
notre article se réfère aux numéros 1, 2, 5 et 4 de l'article 7
de l'ordonnance du 5 juin 1847. En conséquence, la concession
devra indiquer :

1o Les nom, prénoms et profession du concessionnaire ;

2o La situation, les tenants et aboutissants, la nature et l'é-
tendue de la concession ;

5o Les diverses conditions imposées ;

4o La date de la décision qui a autorisé la concession et
l'autorité de laquelle elle émane.

Notre article ajoute que le concessionnaire sera tenu d'élire
domicile dans le ressort du tribunal de la situation de l'immeuble. Si la concession est faite en territoire militaire où il n'y a
pas de tribunaux, il faudra que l'élection de domicile soit faite
dans le ressort du tribunal le plus voisin. (V. art. 13 de la loi.)

tées aux numéros 1, 2, 3 et 4 de l'article 7 de l'ordonnance du 5 juin 1847.

« Ils seront dressés en minute, enregistrés et transcrits. Il en sera remis une expédition accompagnée du plan de l'immeuble, tant au concessionnaire qu'au directeur des domaines.

« Le concessionnaire sera tenu de faire élection de domicile dans le ressort du tribunal de la situation de l'immeuble. Il en sera fait mention dans l'acte de concession.

« Art. 4 (1). Sur la présentation de l'acte de concession et du plan qui l'accompagne, le concessionnaire est mis en possession de l'immeuble concédé par les soins de l'autorité locale.

« Cette opération est constatée par un procès-verbal contradictoirement dressé et contenant une description de l'état des lieux au moment de l'entrée en possession.

---

(1) « Jusqu'à ce moment, dit l'exposé de motifs, il n'a jamais été assigné aux concessionnaires aucun délai obligatoire pour la prise de possession. Par suite, il arrive quelquefois que des concessionnaires inactifs diffèrent indéfiniment de se présenter, et que les immeubles restent ainsi inoccupés au détriment des intérêts de l'Etat et de la colonisation. » L'article 5 comble cette lacune.

« Art. 5. Si le concessionnaire ne requiert pas sa mise en possession dans le délai de trois mois, à partir de la date de la concession, la déchéance a lieu de plein droit,

« Art. 6 (1). Est rapporté l'article 6 de l'ordonnance du 5 juin 1847, qui exige un cautionnement des concessionnaires d'une superficie de cent hectares et au-dessus.

« Art. 7 (2). Le concessionnaire peut hypo-

---

(1) Ce cautionnement était fixé à dix francs par hectare. L'article 4 de l'ordonnance du 1er septembre 1847 en avait affranchi les concessionnaires indigènes. Notre article supprime entièrement cette charge très-lourde, qui, comme dit l'exposé de motifs, « prive les colons d'une partie de leurs moyens d'action et n'est pas nécessaire pour assurer l'exécution des travaux prescrits, car la clause résolutoire fournit à ce sujet une garantie suffisante. »

(2) D'après la législation antérieure (ordonnance du 5 juin 1847, art. 9; ordonnance du 1er septembre 1847, art. 2; ordonnance du 21 juillet 1845, art. 9), le concessionnaire à titre provisoire ne pouvait, sous peine de déchéance, consentir aucune substitution, aliénation ou hypothèque, sans une autorisation spéciale émanant du fonctionnaire qui avait accordé la concession.

On jugeait même que l'expropriation des immeubles concédés à titre provisoire ne pouvait être prononcée par les tribunaux qu'en exécution de substitutions, d'aliénations ou d'hypothèques autorisées par l'administration. (Arrêt du tribunal des conflits, du 5 juin 1850.)

A ce système, qui nécessitait à tout moment l'intervention

théquer et transmettre, à titre onéreux ou à titre gratuit, tout ou partie des terres à lui concédées.

« Les détenteurs successifs sont soumis à toutes les obligations imposées au concessionnaire.

« Les affectations hypothécaires sont régies par les dispositions de l'article 2125 du Code civil.

---

administrative, notre article substitue un système plus simple. Le concessionnaire peut librement disposer de la concession, seulement il ne peut transférer à des tiers plus de droits qu'il n'en a lui-même. En conséquence, les sous-concessionnaires ou ceux qui ont acquis des droits réels sur les immeubles concédés sont sujets aux mêmes charges et à la même condition résolutoire que le concessionnaire primitif. C'est là un principe de droit commun.

Sous la législation antérieure au décret, tant que le titre définitif n'avait pas été délivré, toute contestation relative aux immeubles concédés devait être vidée par décision du préfet, sauf recours au conseil de préfecture. Telle était la disposition de l'arrêté du gouverneur général, en date du 18 avril 1841, art. 14. (V. l'arrêt du tribunal des conflits du 5 juin 1850, déjà cité plus haut.)

Aujourd'hui que le concessionnaire n'a plus seulement un droit éventuel, mais un droit de propriété résoluble, la compétence exceptionnelle de l'administration doit cesser, au moins en ce qui touche les rapports du concessionnaire avec les tiers, mais elle subsiste pour les rapports du concessionnaire avec l'État, car la concession est un acte administratif dont l'interprétation appartient à l'administration.

« Art. 8 (1). Dans le mois qui suit l'expiration du délai fixé pour l'exécution des conditions, ou plus tôt si le concessionnaire ou ses ayants droit le demandent, il est procédé, contradictoirement à la vérification prescrite par l'article 11 de l'ordonnance du 5 juin 1847, par une commission composée de trois membres, savoir :

« Un inspecteur de colonisation ;

« Un agent du service topographique ;

« Un colon désigné par le concessionnaire, ou, à son défaut, par le préfet ;

Il est dressé procès-verbal de cette opération. Les parties sont admises à faire consigner leurs dires et réquisitions au procès verbal, dont il leur est donné copie.

« Art. 9 (2). Si toutes les conditions sont

---

(1) Il s'agit de savoir si les conditions imposées ont été ou non remplies. « Dans l'état des choses, dit l'exposé de motifs, la vérification des travaux imposés aux concessionnaires est effectuée simplement par un inspecteur de colonisation ou par tout autre délégué de l'autorité administrative. Cet acte est d'une grande importance, puisqu'il doit avoir pour résultat ou d'affranchir la propriété de la clause résolutoire, ou d'anéantir la concession et tous les droits du concessionnaire. Il a paru essentiel de l'entourer de garanties plus réelles, tel est l'objet des articles 8, 9 et 10 du projet. »

(2) En cas d'excuse légitime, des prorogations de délai peu-

exécutées, le préfet, après avoir pris l'avis du directeur des domaines, déclare l'immeuble affranchi de la condition résolutoire.

« En cas de dissentiment entre le directeur des domaines et le préfet, il est statué par le Ministre de la guerre.

« Si toutes les conditions ne sont pas exécutées, il est statué, soit sur la prorogation du délai, soit sur la déchéance totale ou partielle, conformément aux ordonnances des 21 juillet 1845 et 5 juin 1847.

« Art. 10 (1). La décision administrative

---

vent être accordées par les préfets et le gouverneur général pour les propriétés qu'ils sont autorisés à concéder, et dans les autres cas par le Ministre de la guerre sur l'avis du gouverneur général. A l'expiration de ces prorogations, il est procédé à une nouvelle inspection de l'état des lieux, et le préfet, suivant les cas, déclare l'immeuble affranchi de la condition résolutoire ou propose la déchéance du concessionnaire. (Ordonnance du 5 juin 1847, art. 15; ordonnance du 1er septembre 1847, art. 2.)

Si les conditions de la concession n'ont pas été remplies, ou ne l'ont été qu'en partie, le préfet a la faculté de provoquer auprès du gouverneur général la déchéance du concessionnaire en tout ou en partie. La déchéance est prononcée par le Ministre de la guerre sur le rapport du gouverneur général et l'avis du conseil de préfecture, le concessionnaire préalablement entendu, et sauf recours au conseil d'État par la voie contentieuse. (Ordonnance du 5 juin 1847, art. 15; ordonnance du 21 juillet 1845, art. 8.)

(1) Les tiers qui veulent traiter avec le concessionnaire ont

qui déclare l'immeuble affranchi de la clause résolutoire, ou qui prononce la déchéance, est transcrite au bureau des hypothèques de la situation des biens.

« ART. 11 (1). Lorsque la déchéance sera prononcée, l'immeuble concédé fera retour à l'État franc et quitte de toutes charges.

« Néanmoins, si le concessionnaire a fait sur l'immeuble des améliorations utiles et consta-

---

intérêt à savoir s'il n'est pas déchu ou s'il est déclaré propriétaire incommutable. Ils pourront s'en assurer en consultant le registre de transcription.

(1) C'est l'effet naturel de la condition résolutoire. L'État reprend sa propriété comme s'il ne l'avait jamais aliénée (Code civil, art. 1184). Mais, en même temps, l'État ne doit pas s'enrichir aux dépens du concessionnaire. Les travaux de culture ou de construction faits par ce dernier constituent une valeur qui lui appartient et dont il doit être fait distraction à son profit. Cette mesure, qui ne se trouvait pas dans les ordonnances antérieures augmente le crédit du concessionnaire en rendant moins précaire le gage hypothécaire qu'il peut offrir aux prêteurs.

Mais notre article exige que les travaux faits sur la concession, soient des travaux utiles, c'est-à-dire des travaux qui aient ajouté une valeur à l'immeuble, un défrichement par exemple, ou une construction. L'administration considère, non les dépenses faites par le concessionnaire, mais la plus-value qu'il a créée.

La somme provenant de la vente des améliorations est distribuée par voie d'ordre entre les créanciers hypothécaires, puis par voie de contribution entre les autres créanciers.

tées par le procès-verbal de vérification, il sera procédé publiquement par voie administrative à l'adjudication de l'immeuble.

« Les concurrents seront tenus de justifier de facultés suffisantes pour satisfaire aux conditions du cahier des charges.

« Le prix de l'adjudication, déduction faite des frais, appartiendra au concessionnaire ou à ses ayants cause.

« Tous les droits réels provenant du fait du concessionnaire seront transportés sur ce prix et l'immeuble en sera de plein droit affranchi par le seul fait de l'adjudication.

« ART. 12 (1). S'il ne se présente aucun adjudicataire, l'immeuble fera retour à l'Etat, franc et quitte de toutes charges provenant du concessionnaire déchu. Le procès-verbal en fera la déclaration expresse et sera transcrit au bureau des hypothèques de la situation de l'immeuble.

---

(1) S'il ne se présente aucun adjudicataire, l'Etat, qui poursuit la vente, reste adjudicataire pour la mise à prix. C'est le droit commun en matière de ventes forcées. (V. l'art. 706 du Code de procédure.)

« ART. 13. (1). Les concessions provisoires faites avant la promulgation du présent décret, en vertu des ordonnances des 21 juillet 1845, 5 juin et 1ᵉʳ septembre 1847, et qui ne sont pas devenues définitives, pourront, si le concessionnaire en fait la demande, être, conformément à l'article 2 du présent décret, échangées contre un nouveau titre, dans lequel les délais restant à courir pour l'accomplissement des conditions imposées seront déterminés d'après les clauses de l'acte de concession primitif.

« ART. 14. Les dispositions du présent décret sont applicables aux territoires mili-

---

(1) L'exposé de motifs fait remarquer que cette disposition ne saurait s'appliquer aux concessions faites dans les colonies agricoles fondées par les lois des 19 septembre et 18 novembre 1848, 19 mai 1849 et 20 juillet 1850. Ces concessions ont été faites gratuitement, à charge pour les concessionnaires de mettre les immeubles en valeur dans un délai de trois ans. Faute par eux d'avoir rempli cette condition, ils peuvent être dépossédés. Durant les six premières années de leur mise en possession, ils ne peuvent aliéner les immeubles concédés qu'à la condition de rembourser à l'Etat le montant des sommes dépensées pour leur installation (V. la loi du 19 septembre 1848). Ces concessions toutes gratuites ne pouvaient être assimilées aux concessions faites par l'Etat moyennant une rente.

taires (**1**). Dans ces territoires, les attributions conférées au préfet et au conseil de préfecture par les ordonnances et décrets antérieurs, sont remplies par le général commandant la division et par la commission consultative de la subdivision.

---

(1) Aux termes de l'arrêté présidentiel du 9 décembre 1848, art. 1er, l'Algérie est divisée en territoires civils et territoires militaires. L'administration de ces derniers appartient à l'autorité militaire avec le concours de commissions consultatives. (*V.*, pour la composition et les attributions de ces commissions, l'ordonnance du 15 avril 1845, art. 113-119.)

Art. 7.

Chaque année le Ministre rend compte à l'Assemblée législative de l'état du domaine national en Algérie, et lui fait connaître le nombre, la nature et l'importance des immeubles aliénés, affectés à des services publics ou concédés.

Nous avons vu, en expliquant l'article précédent, que l'administration était investie d'un pouvoir discrétionnaire sur le domaine de l'Etat en Algérie. L'article 7 avait pour but de soumettre l'exercice de ce pouvoir au contrôle périodique de l'Assemblée législative.

Ce qu'il importe le plus de faire connaître, c'est moins la consistance du domaine de l'Etat à tel moment donné, que les actes de vente ou de concession qui viennent sans cesse diminuer cette consistance.

Depuis la conquête d'Alger jusqu'au 31 décembre 1850, il a été accordé 10,698 conces-

8

sions provisoires, dont 4,564 sont devenues définitives; il n'a été déclaré que 222 déchéances.

Ces 10,698 concessions se divisent en 4,102 urbaines et 6,596 rurales ; elles comprennent 91,572 hectares.

Elles se répartissent ainsi qu'il suit entre les trois provinces : Alger, 5,061 ; Oran, 3,815 ; Constantine, 1,822.

Du 5 juillet 1830, au 1er janvier 1850, il a été vendu aux enchères, 1,512 immeubles domaniaux; 1,411 ont été vendus de gré à gré (1).

_____

(1) *V.* le tableau des établissements français en Algérie, t. 9; in-4°.

TITRE II.

Du domaine départemental et du domaine communal.

ART. 8.

Le domaine départemental se compose :

1° Des édifices et bâtiments domaniaux, qui sont ou seront affectés aux différents services de l'administration départementale;

2° Des biens meubles et immeubles et des droits attribués aux départements par la législation générale de la France.

Les communes et les départements sont de création toute récente en Algérie.

L'ordonnance du **21 août 1839**, sur l'organisation du régime financier, distingue seulement entre l'État et la colonie, et crée à côté du domaine de l'État un domaine colonial (articles **137** et **138**); mais le domaine colonial ne tarda pas à être supprimé par l'ordonnance du 9 novembre 1845, dans laquelle il n'est plus question que du domaine de l'État.

L'ordonnance du 15 avril 1845, article 11, a divisé l'Algérie en trois provinces : celles d'Alger, de Constantine et d'Oran. Une administration civile distincte a été établie dans chacune de ces provinces par l'ordonnance du 1er septembre 1847. Enfin, le 9 décembre 1848, un arrêté du chef du pouvoir exécutif a introduit dans la colonie une organisation administrative analogue à celle de la France continentale. Cet arrêté est encore en vigueur et servira sans doute de base à la loi projetée. En voici les principales dispositions :

L'article 1er maintient la division en trois provinces, divise chaque province en territoire civil et territoire militaire, et érige en département le territoire civil de chaque province.

Le département se subdivise en arrondissements et communes. (Art. 11.) L'administration en est confiée à un préfet, assisté d'un conseil de préfecture et d'un conseil général électif. (Art. 12-16.)

L'article 15 établit les ressources ordinaires et extraordinaires du département. Dans la première classe figurent, outre une part dans le produit de l'impôt arabe et de l'octroi des portes de mer, les revenus des propriétés départementales ; dans la seconde classe, se trouve le produit des aliénations d'immeubles départementaux.

Malheureusement cet arrêté n'a pu recevoir une exécution complète, et il faudra du temps encore avant que les progrès de la colonisation aient permis d'en réaliser toutes les promesses, mais le principe n'en est pas moins posé, et bien que la loi sur l'organisation administrative de l'Algérie soit encore à faire, les rédacteurs de la loi sur la propriété ont cru qu'il était utile de constituer dès à présent la propriété départementale et communale.

Pour la propriété départementale, notre article ne fait que reproduire le droit commun de la France.

Le premier paragraphe est emprunté à l'article 1er du décret impérial du 9 avril 1811, qui concède gratuitement aux départements et aux communes la pleine propriété des édifices et bâtiments nationaux occupés pour le service de l'administration, des cours et tribunaux et de l'instruction publique, à charge par eux de payer la contribution foncière et les réparations.

Le second paragraphe de notre article ne renvoie à aucun texte précis et déterminé de la législation française. Peut-être eût-il été plus simple de dire qu'en Algérie comme en France, outre les édifices concédés par le décret du 9 avril 1811, le domaine départemental comprenait tous les immeubles acquis par les départements à titre onéreux ou gratuit, et tous les travaux publics exécutés au moyen des fonds départementaux.

Les droits attribués aux départements français, sont énumérés par l'article 10 de la loi du 10 mai 1838. Mais il nous paraît inutile d'entrer dans des détails sur cette matière, qui se rattache bien plus à l'organisation administrative qu'à la constitution de la propriété.

Art. 9.

Le domaine communal se compose :

1° Des édifices et bâtiments domaniaux qui sont ou seront affectés aux services de l'administration communale ;

2° Des biens déclarés biens communaux et des droits conférés aux communes par la législation générale de la France ;

3° Des biens et des dotations qui sont ou qui pourront être attribués aux communes par la législation spéciale de l'Algérie.

———

« Déjà dans les derniers mois de son existence, dit M. Henri Didier dans son premier rapport, l'ancien Gouvernement avait fini par apercevoir que le défaut d'institutions communales, dans une société naissante, pourrait bien être un mal, et une ordonnance fut rendue le **28** septembre **1847** qui prescrivait l'érection en communes de tous les centres de population ayant acquis un certain degré de développement, et organisait, partout où il était possible de le faire, des pouvoirs municipaux. Malheureusement cette mesure contrariait des habitudes enracinées, et elle est demeurée à l'état de lettre morte dans les colonnes du Moniteur algérien. Il n'a fallu rien moins que la révolution de février pour qu'elle pût recevoir un commencement d'exécution. Alors seulement Alger a conquis sa municipalité, et, le principe une fois établi en fait dans le centre du pays, un arrêté du chef du Pouvoir exécutif, du **16 août 1848**, s'est chargé d'en tirer les conséquences et l'a généralisé dans toute l'étendue des territoires civils.

« Ce n'était pas assez : la commune reconnue et déclarée, il était indispensable de lui créer des moyens d'existence. Un second arrêté du 4 novembre suivant, a concédé provisoirement aux communes les édifices et bâtiments domaniaux déjà affectés au service de l'administration municipale, et a décidé qu'il serait fait à chacune d'elles une dotation en immeubles susceptibles de produire des revenus. Le même arrêté leur attribue une part dans le produit de l'octroi existant aux portes de mer des villes du littoral, et y ajoute, outre la portion déterminée par la loi générale dans le produit de l'impôt des patentes et les différents droits inhérents à l'existence du pouvoir municipal en France, le bénéfice entier d'une taxe spéciale à établir sur les loyers. »

Quelques mots maintenant sur les trois paragraphes de notre article :

Le premier attribue aux communes les édifices et bâtiments domaniaux affectés aux services de l'administration communale. C'est la reproduction du décret du 9 avril 1811 que nous avons cité sous l'article précédent ; l'arrêté du 4 novembre 1848, sur les recettes municipales en Algérie, contenait déjà la même disposition. (V. art. 1er à 4.)

La remise de ces édifices est faite aux maires par les agents du service des domaines, en vertu d'un arrêté du gouverneur général, pris sur la proposition du préfet. (Art. 2.)

L'État se réserve pendant cinq ans la faculté de reprendre les immeubles ainsi concédés, à charge d'en donner en échange d'autres propres à la même destination. Cet échange a lieu par arrêté du Président de la République, sur la proposition du Ministre de

la guerre, le conseil de Gouvernement entendu. (Art. 3.)

Enfin, l'article 4, autorise le Gouvernement
à concéder gratuitement aux communes tous les
immeubles domaniaux qui, à l'avenir, seraient
reconnus susceptibles d'être affectés à des services municipaux.

Le deuxième paragraphe est un renvoi au
droit commun de la France. En conséquence,
le domaine communal en Algérie, comprend :

1° Les terres vaines et vagues (1), pacages,
pâtis et marais situés dans les limites de la
commune, et ne constituant pas des propriétés
privées. (V. Lois du 28 août 1792, art. 9, et
du 10 juin 1793, section IV, art. 1er.)

2° Toutes les terres acquises par les communes à titre onéreux ou gratuit ;

3° Tous les droits attribués aux communes,
par la loi du 18 juillet 1837.

Enfin, le dernier paragraphe de notre article
maintient les communes en possession des
biens qui leur sont attribués par la législation

---

(1) V. l'exposé des motifs du 1er projet de la commission
(Moniteur de 1850, page 2411). — Ces terres étaient déjà attribuées au domaine colonial par l'article 138 de l'ordonnance
du 21 août 1839.

spéciale de l'Algérie. C'est un renvoi à l'arrêté du 4 novembre 1848 (1).

Cet arrêté porte que l'État constituera à chaque commune une dotation en immeubles, susceptibles de produire des revenus (2). (Art. 5.)
Le mode de jouissance des biens, ainsi concédés, sera réglé par le préfet sur l'avis du
conseil municipal. Les revenus seront affectés
aux dépenses d'utilité publique. (Art. 6.) Les

---

(1) « Les ressources ordinaires principales des budgets communaux en France sont : les propriétés foncières des communes,
les octrois et les centimes additionnels aux quatre contributions
directes. En Algérie, il n'y a pas de biens communaux, pas
d'octroi aux portes de terre, enfin, sauf les patentes, pas de contribution directe.

« De là, l'arrêté du 4 novembre 1848.

« En exécution de cet arrêté, quelques édifices publics ont été
abandonnés aux communes ; mais aucune dotation immobilière
productive de revenus n'a pu être encore faite en leur faveur.
La division du produit de l'octroi de mer entre les provinces,
les départements et les communes, et entre les communes
elles-mêmes, n'a pas pu être opérée quoiqu'elle ait été préparée
activement ; de leur côté, les conseils municipaux ont montré
de la répugnance à voter la taxe sur les loyers. » (*Tableau des
établissements français en Algérie*, t. 9, p. 10.)

(2) L'article 18 de l'ordonnance du 5 juin 1847 sur les concessions, porte déjà qu'il sera réservé sur le territoire de
chaque nouveau centre de population : 1° un dixième de la superficie tant urbaine que rurale comme domaine de l'État ; 2° un
second dixième de la superficie rurale, comme terrain communal.

biens communaux pourront être vendus à charge de remploi ou échangés. (Art. 7.) Les ventes, échanges ou remplois devront être autorisés par arrêtés du Président de la République, sur la proposition du Ministre de la guerre, le conseil de Gouvernement entendu.

Le même arrêté attribue aux communes algériennes différentes ressources qu'il est inutile d'énumérer ici, et dont les plus importantes sont, les trois cinquièmes du produit de l'octroi des portes de mer, établi par l'ordonnance du 21 décembre 1844, et une taxe spéciale sur les loyers. (Art. 12-30.)

L'article 9 de l'arrêté, déclare applicables en Algérie les lois qui régissent l'administration municipale en France; c'est, du reste, un point qui sera sans doute réglé par la loi promise sur l'organisation administrative en Algérie.

TITRE III.

De la propriété privée.

ART. 10.

La propriété est inviolable, sans distinction, entre les possesseurs indigènes et les possesseurs français ou autres.

L'inviolabilité de la propriété, reconnue par toutes les constitutions françaises depuis 1791, se trouve ici proclamée en ce qui concerne l'Algérie, et, pour prévenir toute espèce de doute, la loi prend soin de dire que la propriété indigène sera respectée au même titre que la propriété française.

En parcourant la législation algérienne relative à l'expropriation pour cause d'utilité publique, au séquestre, à la vérification des titres, à l'inculture des terres, on comprendra combien il était nécessaire d'écrire en tête de la loi nouvelle l'inviolabilité des propriétés.

9

« Plus on réfléchira aux conditions fonda-
mentales dont dépend le développement de
toute société, a dit M. Gustave de Beaumont (1),
et plus on reconnaîtra que la garantie absolue
de la propriété individuelle est la première et
la plus essentielle, celle sans laquelle les autres
ne sont rien, celle qui à la rigueur suppléerait
toutes les autres. Quelles que soient d'ailleurs
les institutions civiles et politiques d'un pays,
là où la propriété privée est inviolable, on peut
compter qu'il y a des éléments de prospérité.

« Et c'est une grande erreur de croire que le
respect de la propriété individuelle n'est nécessaire qu'aux vieilles sociétés, et non à des sociétés naissantes, telles que les colonies nouvelles. Il serait plus juste de dire que, dans une
société qui se forme, la propriété a plus encore
besoin d'être inviolable que dans une société
depuis longtemps existante ; car ce qu'il est urgent pour une terre de posséder, ce sont des
habitants, et les habitants ne vont et ne restent
que là où le principe de la propriété est solidement établi. Sans doute nul Français n'aban-

---

(1) Commission de colonisation de l'Algérie. Rapport du
29 juin 1842.

donnerait la France parce qu'une loi moins protectrice des droits de la propriété y serait mise en vigueur; mais qui ira en Afrique, où l'on veut attirer les populations, si la propriété n'y est pas solidement garantie ? La propriété en Afrique n'a-t-elle pas d'autant plus besoin d'une protection légale toute puissante, au milieu de ces circonstances extraordinaires, toujours renaissantes, qui semblent légitimer le recours à des procédés exceptionnels et qui, cependant, ne font pas naître un seul attentat à la propriété individuelle qui ne soit un coup fatal porté à l'existence même de la colonie? »

Ce principe ne souffre plus aujourd'hui que deux restrictions, dont l'une est de droit commun, l'autre spéciale à l'Algérie.

La première consiste dans le droit qui appartient à l'Etat d'exiger le sacrifice d'une propriété pour cause d'utilité publique légalement constatée, et moyennant une juste et préalable indemnité. Nous verrons plus loin comment l'ordonnance du 1er octobre 1844 a réglementé cette matière pour l'Algérie.

La seconde, spéciale à l'Algérie, consiste dans le droit qui appartient à l'Etat de séquestrer en certains cas les biens des indigènes.

Nous avons déjà indiqué dans le commentaire de l'article 4 la nature et les effets du séquestre; nous donnerons sur l'article 22 le commentaire de l'ordonnance du 31 octobre 1845, encore en vigueur aujourd'hui. La confiscation proscrite dans la métropole se trouve légitimée, en Algérie, par les nécessités de la guerre.

Art. 11.

Sont reconnus tels qu'ils existaient au moment de la conquête, ou tels qu'ils ont été maintenus, réglés ou constitués postérieurement par le Gouvernement français, les droits de propriété et les droits de jouissance appartenant aux particuliers, aux tribus et aux fractions de tribus.

Cet article est le plus important de la loi nouvelle. Il constitue, ou plutôt il reconnaît la propriété et les droits des indigènes. Après avoir institué une enquête, étudié et discuté les faits, les rédacteurs de la loi ont renoncé à poser des règles générales. Ils se sont contentés de consacrer les droits existants, sans vouloir les définir, renvoyant aux tribunaux la décision des cas particuliers qui se présenteront.

Nous essayerons d'exposer, d'après les renseignements recueillis par l'administration française, l'état de choses maintenu par notre article.

Mais, avant d'y arriver, il est nécessaire de prendre parti sur une question préjudicielle.

On a soutenu que, dans les pays conquis par les Musulmans, le sol appartient tout entier à Dieu et au sultan qui est le représentant et l'ombre de Dieu sur la terre (1). Les individus n'ont sur le sol qu'un droit de jouissance précaire, moyennant une redevance qui tient lieu de fermage.

On aperçoit tout d'abord les conséquences de ce système. Successeur immédiat des Turcs, derniers souverains de l'Algérie, le Gouvernement français se trouverait propriétaire de toutes les terres, et les anciens habitants du pays n'auraient aucun droit à lui opposer. Les auteurs de ce système ont reculé, il est vrai, devant cette conséquence rigoureuse. Ainsi, ils admettent que si le sol appartient à l'Etat, les constructions, les plantations, en un mot tout ce que le travail de l'homme donne de valeur à ce même sol, est la propriété du possesseur,

---

(1) V. les recherches du docteur Worms sur la constitution de la propriété territoriale en Algérie (*Revue de législation et de jurisprudence*; 1844, t. 1. p. 560). Ce système a été souvent reproduit et, entre autres, par M. Baude (*l'Algérie*, t. 2, p. 391), et par le général Duvivier (*Solution de la question de l'Algérie*, p. 528).

et ne peut lui être enlevé que moyennant indemnité. Réduit à ces termes, le système n'a
plus guère d'intérêt pratique, et cependant,
même avec ces tempéraments, il n'est fondé ni
en droit ni en fait (1).

En droit, il est faux que la terre de conquête
ne soit pas susceptible de propriété privée.
Khalil, dont le livre a force de loi en Algérie,
dit, il est vrai, que le territoire d'un pays conquis devient *wakf*, c'est-à-dire grevé de substitution au profit de la communauté musulmane par l'effet même de la conquête (2); mais
il explique lui-même comment cette règle doit
être entendue. Elle ne s'applique ni aux terres
partagées entre les Musulmans vainqueurs, ni
aux biens des vaincus qui ont embrassé l'islamisme ou qui ont capitulé, ni même aux terres
acquises après la conquête par les vaincus soumis à force ouverte (3).

---

(1) La réfutation complète de ce système se trouve dans un
rapport préparé par un savant orientaliste, M. Ducaurroy, et
présenté par M. Macarel à la commission de l'Algérie (février
1843). — V. aussi les procès verbaux de la commission qui a
préparé le projet de loi (22e séance, 27 février 1850.)

(2) Khalil; *Jurisprudence musulmane*, trad. Perron, t. 2,
p. 269.

(3) Khalil, t. 2, p. 293 ; t. 4, p. 630. — Dans tous les pays

Khalil traite, dans son livre, des successions, des donations, des substitutions, du louage, de la vente, de l'occupation, de la prescription, des servitudes. Tout cela ne suppose-t-il pas nécessairement l'existence de la propriété?

Quand le Koran dit que Dieu est le maître de toute la terre et que le sultan est son vicaire, il exprime une vérité religieuse et non une règle de droit. On pourrait trouver dans toutes les législations des expressions semblables, qui pourtant n'ont jamais été prises au pied de la lettre. « La terre ne se vendra point à perpétuité, dit le Seigneur aux Hébreux dans la loi de Moïse (1), parce qu'elle est à moi et que vous y êtes comme des étrangers à qui je la loue. » Et cependant la loi de Moïse reconnaît incontestablement la propriété individuelle. Les jurisconsultes romains se servaient des mêmes termes pour désigner le domaine de souveraineté qui, sur le sol des provinces conquises,

---

musulmans, la nature de la terre se reconnaît à l'impôt : la terre de dîme (uchrié), payant l'impôt appelé *achour*, est la pleine propriété du musulman ; les Raïas, ou vaincus restés infidèles, payent pour leurs terres le tribut (kharadj) et pour leurs personnes la capitation (djizié). V. le rapport précité de M. Macarel. En Algérie, toutes les terres payent l'*achour*.

(1) *Lévitique*, chap. 25, vers. 23.

appartenait au peuple romain représenté par l'empereur (1).

En fait, la propriété individuelle se rencontre partout en Algérie : « Je connais moins l'état de la propriété dans la province de Constantine que dans les autres parties du pays, écrivait le maréchal Bugeaud en 1844 (2), mais ce que je puis affirmer, c'est que dans les provinces d'Alger, de Tittery, d'Oran, la propriété est constituée à peu près comme en France. J'en ai vu de nombreuses divisions. Les Arabes m'ont dit mille fois : Ceci appartient à un tel ; je suis fermier d'un tel. Le fermage suppose des propriétaires. Il y a sans doute en Algérie, comme chez nous, des biens communaux dans les terrains de parcours, mais les surfaces riches sont exactement partagées entre des propriétaires. » Aucun doute ne saurait donc s'élever aujourd'hui sur l'existence de la propriété individuelle

(1) Gaïus : *Instit.*, lib. II, § 7 : « Sed in provinciali solo placet plerisque solum religiosum non fieri, quia in eo solo dominium populi romani est vel Cæsaris ; nos autem possessionem tantum et usumfructum habere videmur. »

(2) Rapport de M. le maréchal Bugeaud sur les moyens d'affermir et d'utiliser la conquête de l'Algérie (1844).

en Algérie (1), et notre article la reconnaît expressément.

Voyons maintenant comment elle se comporte, et quels sont les droits de toute nature qui appartiennent sur le sol de l'Algérie aux particuliers, aux tribus, aux fractions de tribus.

Pour se faire une idée exacte de l'état actuel des terres en Algérie, il est nécessaire de considérer la situation politique et administrative du pays.

Il faut distinguer d'abord entre les villes et leurs banlieues d'un côté, et de l'autre la vaste étendue de territoire occupée par les tribus.

Dans les villes et leurs banlieues, la propriété immobilière est individuelle comme en France (2). Elle a pour objet des maisons, des jardins, des vergers et même des fermes (*haouchs*). Les limites des héritages sont connues et les droits sont en général constatés par titres.

Mais les villes et leurs banlieues ne sont rien

---

(1) L'ancien gouvernement turc et Abd-el-Kader lui-même ont souvent pris des terrains pour cause d'utilité publique et, par exemple, pour y établir des postes militaires, mais toujours en payant des indemnités aux Arabes dépossédés.

(2) *V.* le rapport de M. Daru, p. 7.

en comparaison du territoire occupé par les tribus. Ce territoire se divise en deux parties : le Tell ou région des céréales, qui comprend 137,000 kilomètres carrés, et le Sahara ou région des parcours et des palmiers, qui comprend 253,000 kilomètres carrés (1).

Cette vaste surface est peuplée par 1,145 tribus dont 897 sont gouvernées directement par la France ; 160 sont gouvernées par délégation, 88 sont encore insoumises.

La tribu a été parfaitement définie par M. le général Lamoricière (2) : « C'est plus qu'une commune, moins qu'une nation. » En d'autres termes, ce n'est pas simplement une circonscription administrative, c'est encore une unité politique. Considérée dans ses rapports avec le Gouvernement français, la tribu est une personne civile qui possède son territoire à divers titres, et ce territoire est ensuite réparti à divers titres entre les individus qui composent la tribu.

Dans les montagnes, chez les Kabyles, restes

---

(1) Rapport adressé à M. le Président de la République par le Ministre de la guerre sur le gouvernement et l'administration des tribus arabes de l'Algérie. Paris, 1851. in-8°.

(2) Procès-verbaux des séances de la commission de législation de l'Algérie (1re séance, 19 décembre 1848).

des anciens habitants du pays, le droit de la
tribu sur son territoire, comme celui de l'individu sur le champ qu'il cultive, ne saurait être
contesté. Comme on le sait, la Kabylie est un
pays de villages bâtis, et de petite culture. Là
encore la propriété se comporte à peu près
comme en France. Il en est de même dans les
oasis du Sahara.

Mais il en est autrement chez les tribus arabes de la plaine (1). Celles-ci vivent en commun sous la tente, soumises à un régime aristo-
cratique. Un cercle de tentes forme un douar ;
plusieurs douars réunis forment une *ferka* ou
fraction de tribu, commandée par un cheikh ;
plusieurs ferka forment la tribu, gouvernée par
un kaïd.

Ces tribus ou fractions de tribus détiennent
le sol à divers titres : il est même difficile
de ramener à quelques types des modes de
tenure si multipliés et si divers. On peut toutefois en distinguer trois.

Ou bien la tribu est propriétaire, en vertu

---

(1) Exposé de l'état actuel de la société arabe, de son gouvernement et de la législation qui la régit. Alger 1844. (Instruction publiée par l'ordre du maréchal Bugeaud à l'usage des
bureaux arabes.)

d'un titre de concession ou d'acquisition. Telles sont par exemple les tribus qui avoisinent Bône ; et dans la province d'Oran, celles des Medjeher et des Christels. Cette dernière tribu, formée de la réunion de gens venus de différentes villes, et qui occupe un territoire de six lieues carrées, a justifié, par titre, qu'elle avait acheté ce territoire du bey Mohammed el Kebir, moyennant 1,000 dinars d'or (1).

Ou bien la tribu n'a qu'un simple droit de jouissance, soit que telle ait été la condition de la concession originaire, soit que le gouvernement turc ait autrefois confisqué la nue propriété ou plutôt le domaine direct, laissant par grâce à la tribu rebelle et châtiée la jouissance de son territoire. Ces territoires s'appellent *sabega* dans la province d'Oran, *arch* dans celle de Constantine. Il est difficile de déterminer rigoureusement les caractères qui distinguent ce droit de jouissance du droit de propriété ; les deux droits se confondent dans

---

(1) Projet de colonisation du général Lamoricière, Paris, 1847, p. 47. — Rapport de M. Daru, page 8. — Déclarations du colonel de Martimprey. (Procès-verbaux de la commission de législation de l'Algérie, 26ᵉ séance, 8 mars 1850.)

leur exercice, mais, à la différence du droit de propriété, le droit de jouissance est personnel et inaliénable (1).

Il est remarquable toutefois que, dans la province de Constantine, la terre *arch* est grevée d'un impôt appelé *hokor* (fermage). Cet impôt qui est distinct de l'*achour*, et qui tient lieu du *zekkat* (impôt sur les bestiaux) établi dans les autres provinces, est fixé à 25 francs par *zouidja* ou *djebda* (étendue de terrain qu'une paire de bœufs peut labourer en une saison, de 7 à 10 hectares) (2).

Les tribus qui n'ont qu'un droit de jouissance sont de deux sortes : les unes doivent un service militaire, prix de la concession qui leur a été faite par les anciens beys. Elles portent

---

(1) Déclaration de Si-Chadli. (Procès-verbaux de la commission, 22ᵉ séance, 27 février 1850.)

(2) *V.* le projet de colonisation du général Bedeau, Paris, 1847, p. 200, et le rapport précité sur le gouvernement et l'administration des tribus arabes. — En 1850, le *hokor* a rendu 815,000 francs. Bien que *hokor* signifie *fermage*, il ne faut pas en conclure que le détenteur de la terre *arch* est un simple fermier. On a souvent employé les mêmes mots pour désigner l'impôt et le fermage. Il suffit de rappeler la *locatio censoria* usitée chez les Romains pour les terres des provinces conquises, et le *cens* que payaient au moyen âge les héritages roturiers.

le nom de tribus *makhzen* et ont en général des titres réguliers remontant à deux ou trois siècles; telles sont les Douairs, les Smélas, les Gharaba, les Borghia dans la province d'Oran, les Hadjoutes dans celle d'Alger. Les autres sont des tribus *rayas* ou sujettes, autrefois propriétaires du sol, mais réduites à la simple jouissance par la conquête ou la confiscation. On peut, dans une certaine mesure, comparer la tenure de la tribu makhzen au fief, celle de la tribu raya à la censive (1).

Ou bien enfin la tribu est simple fermière de biens du Beylick (*azels*) dont elle paye la rente. Cette tenure est surtout fréquente dans les environs de Constantine.

Il arrive souvent que la tribu détient son territoire sans titre, en vertu d'une possession immémoriale. La nature du droit est alors difficile à déterminer; il faut consulter la tradition et les circonstances (2).

_____

(1) Déclarations du général Daumas et du colonel de Martimprey. (Procès-verbaux de la commission de législation de l'Algérie. 25e et 26e séances, 6 et 8 mars 1850.)

(2) L'absence de titre écrit n'affecte en rien la nature du droit Ainsi, les Tonga et les Ouled-Sammar, dans les environs de la Calle, sont propriétaires *melk*, bien qu'ils n'aient d'autre titre

Dans l'intérieur de chaque tribu les terres sont partagées et la propriété individuelle se rencontre partout, mais avec des caractères différents, suivant les localités.

En général, le territoire de la tribu se divise en un certain nombre de parts (*mechetas*), originairement attribuées aux chefs de famille ; mais, dans chaque mecheta, la propriété reste indivise entre tous les ayants droit. Cette indivision se rencontre presque partout en Algérie. Comme les procédés de culture sont très-arriérés et toujours uniformes, tous les copropriétaires cultivent en commun, ou afferment et partagent les fruits dans la proportion de leurs droits.

Il paraît cependant que chez un certain nombre de tribus, notamment dans la province de Constantine, les terres sont annuellement réparties par le cheikh entre les membres de la tribu (1). Cette propriété alternative se rencon-

---

qu'une possession immémoriale. (*V.* le tableau des établissements français en Algérie, t. IX.)

(1) Exposé de l'état de la société arabe, page 9. — *V.* les déclarations de Si-Chadli, du colonel de Tourville, et du colonel de Martimprey. (Procès-verbaux de la commission de législation de l'A'gérie 22ᵉ, 25ᵉ et 26ᵉ séances ; 27 février, 1ᵉʳ et 8 mars 1850.)

tre fréquemment chez les peuples qui sont pasteurs en même temps qu'agriculteurs, et dont les procédés de culture sont encore barbares. César et Tacite la trouvaient chez les Germains il y a dix-huit siècles (1), et, pour le dire en passant, ce n'est pas le seul point de ressemblance que l'on pourrait signaler entre les Germains d'alors et les Arabes d'aujourd'hui.

On trouve encore enclavés dans le territoire des tribus des domaines appartenant au Beylick, et d'autres appartenant à des congrégations religieuses (*zaouya*). Ces terres sont, en général, affermées. Celles du Beylick sont quelquefois concédées à des gendarmes arabes (*zmoul*) ou occupées, à titre de bénéfices militaires, par des Turcs (*okla*) (2),

---

(1) Cæsar, de bello gallico IV, 1 : Sed privati ac separati agri apud eos, nihil est, neque longius anno remanere uno in loco incolendi causâ licet. — VI, 22 : Neque quisquam agri modum certum aut fines habet proprios : sed magistratus ac principes in annos singulos gentibus cognationibusque hominum, qui una coierint, quantum, et quo loco visum est, agri attribuunt atque anno post alio loco transire cogunt. — Tacit. Germania 26 : Agri pro numero cultorum ab universis per vices occupantur, quos mox inter se secundum dignationem partiuntur ; facilitatem partiendi camporum spatia præstant. Arva per annos mutant, et superest ager.

(2) Déclaration de M. de Fénelon. (Procès-verbaux, etc., 22e séance, 27 février 1850.)

Les individus non propriétaires cultivent les terres d'autrui comme fermiers ou comme métayers (*khammemsa*). Le métayer a droit au cinquième de la récolte, semences prélevées. Les terres communales leur offrent d'ailleurs une ressource.

Les droits de propriété individuels sont en général constatés par écrit. Nos soldats ont souvent trouvé dans les razzias des titres renfermés dans des rouleaux de bois grossièrement taillés (1). Mais, à défaut de titres, la notoriété suffit pour établir les limites de chaque propriété et le droit du propriétaire. On sait d'ailleurs qu'en droit musulman, la propriété s'acquiert par une possession continuée pendant dix ans entre étrangers, pendant quarante ans entre parents.

Tel est aujourd'hui l'état des terres dans le Tell. « Dans le Sahara, où, sauf quelques oasis, le sol est en général impropre à la culture, les terres, presque sans valeur, ne sont plus partagées. La fortune tout entière de la tribu

(1) Déclarations de Si-Chadli, du général Daumas, de MM. de Fénelon et de Martimprey. (Procès-verbaux de la commission: 21e, 22e, 23e et 26e séances, 25 et 27 février, 1er et 8 mars 1850.)

consiste en grands troupeaux de moutons ou de chameaux, qui sont conduits de ruisseau en ruisseau. Les limites des tribus ne sont plus nettement marquées, mais la possession des cours d'eau et des sources y est bien déterminée et les tribus connaissent parfaitement leurs droits à cet égard. (1)» Il est remarquable qu'un assez grand nombre de tribus ont à la fois un territoire de culture dans le Tell et un de parcours dans le Sahara.

Tel est aujourd'hui l'état des terres en Algérie, et ici les faits sont d'accord avec la théorie. Les légistes musulmans distinguent quatre sortes de biens dans leurs rapports avec ceux qui les possèdent : biens du domaine de l'Etat (*blad el beylick*); biens des corporations religieuses (*blad el habous*); biens patrimoniaux (*blad el melk*); biens de la communauté (*blad el djemâa*).

Tous les droits que nous venons de faire connaître ont été consacrés par le Gouvernement français. Chaque tribu en faisant sa soumission a obtenu en échange le maintien de ses

---

(1) Exposé de l'état actuel de la société arabe, page 20. — V. la déclaration du colonel Durrieu, directeur des affaires arabes à Alger. (Procès-verbaux de la commission, 33e séance, 25 mars 1850.)

propriétés. La loi nouvelle ne pouvait qu'ajouter sa sanction aux traités antérieurement consentis; toutefois, le projet du Gouvernement avait essayé de définir les droits maintenus, et de marquer à quels caractères on devait les reconnaître. Dans ce système, la propriété ne pouvait être prouvée que par titre. La possession sans titre devait être nécessairement considérée comme un droit de jouissance, c'est-à-dire comme un usufruit sur une terre dont la nue propriété appartenait à l'Etat. En réduisant ainsi la plupart des tribus à un simple droit de jouissance, le Gouvernement se donnait le droit de les cantonner, et, par suite, de se procurer sans frais les terrains nécessaires à la colonisation.

Mais ce système équivalait à une confiscation; car, ainsi que nous l'avons montré, la preuve écrite n'est pas une condition de la propriété en droit musulman, pas plus qu'en droit français. Il y avait d'ailleurs un grave inconvénient à définir des droits que l'on ne connaît pas encore assez et qui sont trop divers suivant les localités pour se plier à une règle générale. Un système plus simple et plus sage fut proposé lors de la discussion au conseil d'Etat

et finit par prévaloir, c'est celui de notre article; il maintient tous les droits existants, quels
qu'ils soient, et laisse aux tribunaux le soin de
juger les contestations qui pourront s'élever un
jour sur la nature et l'étendue de ces droits.

« Tous les droits de propriété ou de jouissance, dit l'article, sont reconnus tels qu'ils
existaient avant la conquête, ou tels qu'ils ont
été maintenus, réglés ou constitués par le Gouvernement français. »

Ces expressions pourraient, au premier
abord, faire penser que le législateur a entendu
se référer aux arrêtés et règlements antérieurs;
il n'en est rien, ces arrêtés et règlements sont
au contraire implicitement abrogés par notre
article. Le législateur entend seulement consacrer les faits existants, soit qu'ils remontent
à l'ordre de choses qui a précédé la conquête
française, soit qu'ils aient été créés depuis.

Il est facile d'expliquer les termes dont se
sert notre article; ainsi les droits de propriété
ou de jouissance appartenant soit à des particuliers soit à des tribus ou fractions de tribus, ont
été *maintenus* par les traités de soumission,
réglés par les décisions et les actes de l'administration française, *constitués* par voie de cantonnement, d'échange, de translation, etc.

Art. 12.

Sont validées vis-à-vis de l'Etat, les acquisitions d'immeubles en territoire civil faites plus de deux années avant la promulgation de la présente loi, et à l'égard desquelles aucune action en revendication n'a été intentée par le domaine.

Les actions en revendication d'immeubles acquis dans le cours des deux années antérieures à la promulgation de la présente loi, devront, sous peine de déchéance, être intentées par le domaine dans le délai de deux ans, à partir de ladite promulgation.

Les deux paragraphes précédents sont applicables aux domaines acquis en territoire militaire avec autorisation du Gouvernement.

———

Par la force des circonstances, et en même temps par le vice de la législation qui a constitué le domaine de l'Etat en Algérie, l'Etat et les particuliers se sont disputé presque partout la propriété immobilière, et il n'est presque pas de terrain qui n'ait été revendiqué par l'E- tat, soit comme séquestré, soit comme vacant, soit comme ayant appartenu au Beylick.

Pour donner de la valeur aux terres, il était indispensable de faire cesser dans un bref délai ce danger d'éviction. L'article 7 de l'ordon- nance du 1er octobre 1844, promulguée en Al- gérie le 21 du même mois, limita à deux ans la durée des actions en nullité ou rescision des ventes antérieures, ou en revendication d'im- meubles compris dans ces ventes; ce délai de- vait courir contre toutes personnes, même contre les incapables, en sorte qu'au 21 octobre 1846 tout danger d'éviction eût disparu pour les acquéreurs antérieurs à l'ordonnance (1). Mais en même temps, l'ordonnance portait qu'à

_____

(1) Cette déchéance était d'ordre public et ne pouvait être couverte par le silence des parties (cassation, 16 décembre 1851). La chambre des requêtes a jugé par arrêt de rejet du 9 février 1852 que, quand le possesseur d'un immeuble, au lieu de rester sur la défensive, se faisait demandeur en nullité d'une vente de ce même immeuble, il devait être repoussé par l'exception de déchéance.

l'avenir les ventes demeureraient soumises aux dispositions du Code civil. La revendication de biens acquis postérieurement à l'ordonnance n'a pu se prescrire dès lors que par dix, vingt ou trente ans, suivant les cas. C'est dans ces conditions qu'ont eu lieu toutes les acquisitions depuis le 21 octobre 1844.

La déchéance édictée par l'article 7 de l'ordonnance du 1er octobre 1844 fut rigoureusement appliquée aux particuliers, mais l'ordonnance du 21 juillet 1846 sur la vérification des titres de propriété rurale l'abrogea virtuellement en ce qui concerne les actions domaniales. La vérification prescrite par cette ordonnance eut lieu partout en présence des agents du domaine, et eut pour effet d'attribuer à l'État tout ce qui pouvait être revendiqué par lui avec quelque raison.

La loi nouvelle n'a pas voulu changer entre particuliers les conditions des contrats accomplis. « Une mesure rétroactive aussi radicale, dit l'exposé de motifs du projet du Ministre, n'a pas paru devoir être prise une seconde fois; mais l'administration a voulu pour sa part renoncer au bénéfice de ces longues prescriptions. Par l'abandon d'une partie de ses droits, le domaine de l'État concourra de nouveau à la consolidation de la propriété algérienne. »

En conséquence toute acquisition antérieure au 25 juin 1849 (1) est mise à l'abri d'une revendication de la part de l'État.

Toute acquisition faite du 25 juin 1849 au 25 juin 1851 ne peut être l'objet d'une revendication de la part de l'État que jusqu'au 25 juin 1853.

Mais toutes les acquisitions postérieures au 25 juin 1851 rentrent dans le droit commun.

Et, d'un autre côté, toutes les actions en revendication, déjà intentées au 25 juin 1851 et encore pendantes, devront suivre leur cours.

Mais la renonciation consentie par l'État ne s'étend pas à tous les immeubles, sans distinction. Le dernier paragraphe de notre article porte que ces dispositions sont applicables aux acquisitions faites en territoire civil et aux acquisitions faites en territoire militaire, avec l'autorisation du Gouvernement.

Sous le régime antérieur, abrogé par l'article 14 de la présente loi, les transactions immobilières entre Européens et indigènes étaient

_____

(1) La loi du 17 juin 1851 a été promulguée le 25 juin suivant.

11

libres en territoire civil, mais elles ne pouvaient avoir lieu en territoire militaire qu'avec l'autorisation du Gouvernement.

De la combinaison des trois paragraphes de notre article, il résulte que les acquisitions auxquelles il s'applique, sont :

Toutes les acquisitions faites en territoire civil, soit par des Européens, soit par des indigènes ;

Toutes les acquisitions faites en territoire militaire par des Européens avec l'autorisation du Gouvernement.

En conséquence, les acquisitions faites en territoire militaire par des Européens sans l'autorisation du Gouvernement, ou par des indigènes, sont exclues du bénéfice de notre article. Le législateur a sans doute pensé que, pour ces sortes d'acquisitions, l'État n'avait pas encore de moyens de contrôle suffisants.

ART. 13.

Les actions immobilières intentées par le domaine ou contre lui, seront en territoire civil portées devant le tribunal civil de la situation des biens ; et quand il s'agira de biens situés en territoire militaire, elles seront portées devant celui des tribunaux civils de la province qui en sera le plus rapproché.

———

Cet article, emprunté comme le précédent au projet du Gouvernement, n'est qu'un retour au droit commun, mais il apporte une grave modification à la législation antérieure.

L'article 18 de l'ordonnance du 9 novembre 1845 sur le domaine, portait : « Lorsque pour établir le droit de l'Etat sur un immeuble quelconque, le domaine alléguera la possession de l'autorité existant avant l'occupation française, il sera statué par le conseil du contentieux, sauf recours par devant nous en notre conseil d'Etat. »

Les causes du domaine de l'Etat se trouvaient ainsi, par un privilége tout particulier, commises à la juridiction administrative, toutes les fois du moins que le domaine agissait comme successeur du Beylick. Cette compétence exceptionnelle, que les tribunaux ordinaires ont quelquefois tenté de restreindre, a toujours été rigoureusement maintenue par la cour de cassation et par le conseil d'Etat (1).

La cour de cassation notamment, a décidé avec raison qu'il suffisait que l'administration invoquât l'article 18 de l'ordonnance du 9 novembre 1845, pour qu'en tout état de cause les tribunaux civils dussent se dessaisir sans pouvoir examiner si l'allégation de l'Etat est fondée, ni prendre en considération les titres et les témoignages fournis par la partie adverse. (*Arrêt* de cassation du 6 août 1849.)

La cour d'appel d'Alger avait soutenu que l'article 18 de l'ordonnance du 9 novembre 1845 se trouvait abrogé par l'ordonnance du 21 juillet 1846 sur la vérification des proprié-

---

(1) V. Arrêts du conseil d'Etat du 28 décembre 1849 (Tulin), du 6 juin 1850 (De Hanifa-ben-Mohammed), du 2 août 1851 (Ranc et Duché).

tés. La cour de cassation a encore rejeté ce
système (1) : « Attendu, porte l'arrêt de cassation du 3 février 1851, que cette disposition
n'a été abrogée ni explicitement ni implicitement par l'ordonnance du 21 juillet 1846, relative à la propriété en Algérie ; — que cette
dernière ordonnance n'a eu pour objet que de
remplacer, par des dispositions nouvelles, les
titres 5 et 6 de l'ordonnance rendue sur la
même matière le 1er octobre 1844, et l'ordonnance du 10 février 1846; — qu'elle ne fait
mention de l'ordonnance du 9 novembre 1845
que pour prononcer le maintien exprès de son
article 19, maintien devenu nécessaire par l'a-
brogation de l'article 82 compris au titre 5 de
l'ordonnance de 1844, et auquel l'article 19 de
l'ordonnance de 1845 se référait ; — qu'aucune
disposition expresse n'était nécessaire pour le
maintien de l'article 18, parfaitement compa-
tible avec toutes les dispositions nouvelles de
l'ordonnance du 21 juillet 1846. »

Notre article abroge expressément cette compétence exceptionnelle et revient au droit com-

---

(1) V. Sirey 51, 1, 362. Par un autre arrêt du 7 mai 1851,
la cour suprême a persisté dans sa jurisprudence.

mun, qui, en toute matière, attribue les questions de propriété aux tribunaux civils (1).

Il ajoute qu'en territoire militaire les actions réelles, intentées par le domaine ou contre lui, seront portées au tribunal civil le plus voisin.

On sait qu'en Algérie la compétence des tribunaux civils et administratifs est bornée aux territoires civils (2). Dans les territoires militaires il n'y a eu pendant longtemps d'autres juges européens que l'autorité militaire. Ce régime n'avait pas de graves inconvénients en présence d'une législation qui prohibait absolument toute acquisition d'immeubles faite par des Européens en territoire militaire sans la permission spéciale du Gouvernement.

Cependant l'arrêté du 5 août 1843 ayant limité la compétence des commandants de place à celle des juges de paix ou commissaires civils, les affaires plus graves ne se trouvaient déférées à aucune juridiction. L'arrêté pris d'urgence par le gouverneur général le 2 février 1848 porta remède à cet état de choses.

---

(1) Arrêt de la cour d'appel d'Alger du 24 septembre 1851 (*Gazette des Tribunaux*, du 5 octobre).

(2) Arrêt du conseil d'État du 28 décembre 1849 (Tulin).

En matière civile et commerciale cet arrêté étend la compétence du commandant de place jusqu'à celle du tribunal de première instance; seulement, et par exception, les causes concernant l'état des personnes et les actions réelles immobilières, autres que celles de la compétence des juges de paix, sont dévolues au tribunal civil le plus voisin.

Il est vrai que l'approbation qui devait être donnée à cet arrêté par le Ministre de la guerre n'a pas été promulguée en Algérie dans les trois mois (*ord.* du 15 avril 1845, art. 5). En conséquence, l'arrêté du 2 février 1848 a pu être considéré par les tribunaux comme nul et de nul effet. (1)

Cette circonstance a échappé aux rédacteurs de la loi. Le projet primitif attribuait au tribunal civil le plus voisin les actions, soit des particuliers entre eux, soit des particuliers contre le domaine, à raison d'immeubles situés en territoire militaire; la première partie de cette

---

(1) *V.* l'affaire rapportée dans la *Gazette des Tribunaux*, du 19 septembre 1851. Il s'agissait, dans l'espèce d'un conflit négatif entre le commandant de place de Médéah et le tribunal civil de Blidah.

disposition a été retranchée comme inutile, et résultant déjà de l'arrêté du 2 février 1848.

Toutefois, et malgré cet oubli, la dévolution aux tribunaux civils de toutes les actions immobilières, sans exception, nous paraît résulter de la loi nouvelle, et notamment des articles 13 et 21 qui portent que les tribunaux civils connaîtront des actions intentées par le domaine ou contre lui à raison d'immeubles situés en territoire militaire, et régleront les indemnités réclamées pour l'expropriation de ces mêmes immeubles.

Il y a identité de raison pour attribuer aux tribunaux civils toutes les autres actions immobilières, et telle a été d'ailleurs l'intention des rédacteurs de la loi.

Art. 14.

Chacun a le droit de jouir et de disposer de sa propriété de la manière la plus absolue en se conformant à la loi.

Néanmoins aucun droit de propriété ou de jouissance, portant sur le sol du territoire d'une tribu, ne pourra être aliéné au profit de personnes étrangères à la tribu.

A l'État seul est réservée la faculté d'acquérir ces droits dans l'intérêt des services publics ou de la colonisation, et de les rendre en tout ou en partie susceptibles de libre transmission.

———

Notre article commence par reproduire le principe de droit commun écrit dans l'article 544 du Code civil. Chacun peut jouir et disposer librement de sa propriété; l'article ajoute *en se conformant à la loi*, c'est-à-dire à la loi française pour les propriétaires européens, à la loi musulmane pour les propriétaires indigènes, et pour tous à la loi spéciale de l'Algérie.

Il était loin d'en être ainsi sous la législation antérieure. Diverses considérations avaient conduit à interdire les transactions immobilières à certaines personnes ou dans certains territoires.

Les personnes frappées d'incapacité pour acquérir des immeubles en Algérie étaient les militaires et les fonctionnaires publics. Le Gouvernement voulait, par cette mesure, protéger la population indigène contre des abus d'autorité, et prévenir des dépossessions déguisées sous la forme de contrats. Cette prohibition, qui se rencontre pour la première fois dans une instruction ministérielle du 17 mars 1834, a été renouvelée par l'ordonnance du 1er octobre 1844. Aux termes des articles 16, 17 et 18 de cette dernière ordonnance, les militaires et fonctionnaires publics ne pouvaient ni acquérir des immeubles ni en prendre à bail pour plus de neuf années sans l'autorisation spéciale du Ministre de la guerre, et cela à peine de nullité. Mais, dit l'exposé des motifs du projet du Gouvernement, les inconvénients de cette mesure, qui mettait en état de suspition les agents du pouvoir et enlevait à certaines catégories de personnes la possibilité de se fixer en Algérie sans esprit de retour, étaient trop graves pour être compensés par l'avantage de prévenir quelques abus faciles d'ailleurs à réprimer. En conséquence, un arrêté du gouverneur général de l'Algérie du 5 mai 1848, en vertu des pouvoirs exceptionnels conférés au gouverneur général par le Gouvernement provisoire, abrogea les articles 16, 17 et 18 de l'ordonnance du 1er octobre 1844. La loi nouvelle maintient implicitement cette abrogation.

Une restriction, bien autrement grave à la libre disposition des propriétés, s'était maintenue jusqu'à la promulgation de la loi nouvelle. Elle résultait de l'interdiction des transactions immobilières entre Musulmans et Européens hors de certaines limites.

« Les arrêtés qui édictaient cette prohibition, dit le tableau officiel des établissements français en Algérie (1), n'avaient pas seule-

---

(1) Tome 1, année 1838, page 263. — V. les arrêtés des 7 mai 1832, 8 mai et 3 septembre 1833, 28 octobre 1836, 10 juillet 1837, 11 janvier et 14 février 1842.

ment pour but de protéger les indigènes, ni
même d'imposer un frein aux marchands de
terres. On voulait bien plutôt éviter qu'il se
créât dans l'intérieur et sur des points éloignés
des intérêts qui, fondés une fois, se seraient
cru le droit d'invoquer la protection de l'armée
et auraient gêné la liberté d'action des commandants militaires. »

Un arrêté du 12 mars 1844 détermina exactement les limites dans lesquelles les transactions immobilières seraient autorisées, et interdit ces mêmes transactions sur tout le reste
du territoire, à peine de nullité des actes et
d'amende contre les officiers publics qui les
auraient reçus. L'ordonnance du 1er octobre
1844 (art. 19 à 23) vint confirmer ces dispositions et n'en excepta que les acquisitions
faites par l'Etat pour services publics, ou par
des particuliers pour des établissements d'industrie et de commerce avec autorisation spéciale du Ministre de la guerre. Enfin l'ordonnance royale du 21 juillet 1846 (art. 47-50)
reproduisit les mêmes défenses en ajoutant
que les actes faits en contravention seraient
nuls de plein droit et sans jugement.

Les parties livrées à la colonisation, par l'arrêté du 12 mars 1844, étaient les territoires civils d'Alger, Oran et Bône, les villes et banlieues de Cherchell et de Philippeville et la ville de Mostaganem. Ces limites furent bientôt reculées. Ainsi l'autorisation fut successivement étendue à Médéah, Milianah, Mascara et Tlemcen (*arrêté* du 8 avril 1844), au quartier européen de Constantine (*ordonnance* du 9 juin 1844), à la banlieue de Mostaganem (*ordonnance* du 20 septembre 1845), à Dellys (*ordonnance* du 9 novembre 1845), enfin à la banlieue de Constantine (*décret* du 20 mars 1849).

L'ordonnance du 15 avril 1845, qui divisa l'Algérie en territoires civils, mixtes et arabes (art. 12 et 13), posa en cette matière une règle générale : les transactions immobilières libres dans l'étendue des territoires civils, ne pourront avoir lieu hors de ces territoires qu'exceptionnellement et avec l'autorisation du Gouvernement (1).

La pacification de l'Algérie a rendu toutes

---

(1) V. la circulaire du gouverneur général de l'Algérie, en date du 5 décembre 1846. — L'arrêté du 9 décembre 1848, divise l'Algérie en territoires civils et territoires militaires.

ces restrictions sans objet. Une décision ministérielle du 10 mai 1850, interprétant les articles 47 à 50 de l'ordonnance du 21 juillet 1846, avait déjà reconnu que la prohibition portée par ces articles ne pouvait s'appliquer aux concessions définitives ou aux aliénations faites par l'administration en dehors des territoires civils. La loi nouvelle introduit la liberté absolue des transactions sur tout le territoire, en faisant exception toutefois pour les territoires occupés par des tribus.

Cette exception se justifie par de puissantes raisons politiques. « Les tribus, disait l'honorable M. Henri Didier dans son premier rapport, sont de grandes unités qu'il serait nécessaire de briser et de dissoudre au plus tôt puisqu'elles sont le levier de toute résistance à notre domination, » toutefois il ajoute que le temps, aidé de la prudence la plus consommée, est seule capable d'accomplir cette désirable dissolution de l'unité de tribu. Permettre l'établissement d'Européens sur les territoires des tribus serait porter une première atteinte à l'organisation de la société arabe, provoquer partout la défiance, peut-être même la révolte. Il a paru préférable de permettre à l'Etat seul l'acquisition d'immeubles sur ces territoires. L'Etat pourra ainsi, soit par voie d'expropriation, soit par voie de cantonnement, fournir aux services publics ou à la colonisation les terrains nécessaires, mais toujours avec une prudente lenteur, et en choisissant l'occasion.

Cette restriction a cependant été combattue lors de la troisième lecture du projet de loi à l'Assemblée nationale. L'honorable M. Barbaroux avait proposé un amendement ainsi conçu : « Aucun droit de propriété, appartenant à une tribu ou fraction de tribu, ne pourra être aliéné au profit d'une autre tribu. » Le but de cet amendement était de permettre aux personnes étrangères à la tribu de s'y établir individuellement.

Mais l'Assemblée a rejeté l'amendement et maintenu la disposition du projet sur les observations de M. de Lamoricière (1). « Pourquoi, a dit l'honorable général, avons-nous défendu qu'un individu appartenant à une tribu puisse acheter des terres sur le territoire d'une autre tribu ? Le voici : c'est qu'il existe des indigènes qui se mettant à la solde, principalement d'israé-

_____

(1) Séance du 16 juin 1851, *Moniteur* du 17.

lites et parfois de colons, de spéculateurs, sont allés dans l'intérieur des tribus, où ils savaient qu'il y avait des terres à vendre, et achetaient à vil prix ces terres appartenant soit à des mineurs, soit à des individus dont les affaires étaient en mauvais état. Ces terres achetées, il fallait les mettre en valeur, soit par des Européens, soit par d'autres; cette opération inquiétait les tribus sur le territoire desquelles ils avaient acheté ces terres. Il se produisait dans le gouvernement intérieur des tribus des difficultés sans nombre qui rendaient le gouvernement du pays excessivement difficile, et voici pourquoi :

« La tribu répond de la sécurité de son territoire ; elle se gouverne elle-même, elle s'administre elle-même ; c'est, comme on vous l'a souvent dit, un gouvernement à forfait ; la tribu se gouverne, se régit, garde son territoire, et répond de tout ce qui s'y passe ; de plus, elle vous paye l'impôt ; moyennant quoi, vous lui permettez de suivre sa religion, de suivre ses pratiques et de vivre au milieu de ses institutions communales et locales. Eh bien ! si vous permettez à des étrangers appartenant à des religions différentes... de venir s'établir au milieu de cette tribu, de désorganiser cette unité qui a traité avec vous, les conditions de son existence étant rompues, vous êtes obligés de substituer cette centralisation que vous avez si souvent combattue chez nous aux institutions locales dont je viens de parler, c'est-à-dire, de vous immiscer dans l'administration de la totalité des tribus du pays. Savez-vous ce qui en résulterait? Des dépenses énormes, impossibles à supporter.... Il faut, jusqu'à ce que les tribus aient été profondément modifiées dans leur existence, dans leur vie sociale, les laisser s'administrer elles mêmes et ne pas s'introduire, s'immiscer dans leur sein. »

L'exception justifiée, il reste à en déterminer l'étendue : elle laisse les transactions libres, 1° dans les territoires civils ; l'administration française se trouvant complétement organisée sur ces territoires, il n'y a pas d'inconvénient à laisser se dissoudre les tribus qui les habitent (1) :

2° Dans les parties du territoire militaire qui n'appartiennent pas à des tribus, c'est-à-dire dans les villes et leurs banlieues.

(1) Ceci a été reconnu lors de la discussion de la loi au conseil d'Etat. V. d'ailleurs les articles 14 et 18 de l'ordonnance du 15 avril 1845.

Art. 15.

Sont nulles de plein droit, même entre les parties contractantes, toutes aliénations ou acquisitions faites contrairement à la prohibition portée au paragraphe 2 de l'article précédent.

La nullité en sera poursuivie, soit par les parties directement, soit d'office à la requête de l'administration supérieure ou du ministère public, devant le tribunal de la situation des biens.

Les notaires ou autres officiers publics qui auront prêté leur ministère pour des aliénations ou acquisitions de cette nature, seront, suivant la gravité des cas, suspendus ou révoqués, sans préjudice, s'il y a lieu, de dommages-intérêts envers les parties.

Cet article n'est que la conséquence et la sanction de l'article précédent. La nullité des actes faits en contravention est absolue et d'ordre public ; elle n'a pas besoin d'être déclarée par jugement, et cependant il a paru utile de laisser soit aux parties, soit même au Gouvernement, le droit de la faire déclarer.

Notre article porte, qu'en pareille circonstance, le tribunal compétent est celui de la situation des biens. Les rédacteurs de la loi n'ont pas songé que les transactions prohibées portaient sur des biens situés en territoire militaire, hors des limites de la compétence des tribunaux civils. Il faut donc entendre cette disposition, en ce sens, que les actions en nullité seront portées devant le tribunal civil le plus voisin, comme dans le cas prévu par l'article 13.

La loi ajoute une peine contre les notaires ou autres officiers publics contrevenants. Elle a voulu désigner par ces derniers mots les fonctionnaires indigènes, tels que les kadis (1).

---

(1) Aux termes de l'ordonnance du 26 septembre 1842, article 43, les kadis constatent et rédigent en forme authentique les conventions dans lesquelles des Musulmans sont seuls intéressés. Toutefois, lorsqu'il n'existe point de notaires français en résidence dans un rayon de 20 kilomètres, le kadi peut constater et rédiger toutes les conventions dans lesquelles un Musulman est partie.

Art. 16.

Les transmissions de biens de Musulman à Musulman, continueront à être régies par la loi musulmane.

Entre toutes autres personnes, elles seront régies par le Code civil.

———

La plupart des colons européens établis en Algérie ont acheté directement leurs terres aux indigènes. Nous verrons plus loin quels ont été les inconvénients de cette pratique, et combien il eût été préférable que l'État vînt s'interposer partout entre le vendeur indigène et l'acheteur européen. Mais le Gouvernement s'aperçut trop tard de la nécessité d'une pareille mesure, et se contenta de prescrire quelques règles. Un arrêté du 9 juin 1831 porte, que toute convention sous seing privé entre Européens et indigènes, sera écrite à peine de nullité dans la langue de chacune des parties. Divers arrêtés des 21 et 25 juin, 11 juillet, 17 septembre, 20 décembre 1831, 6 avril et **28** mai **1832, 23** août **1839** ont introduit en Algérie les formalités de l'enregistrement, de l'inscription des hypothèques et de la transcription. D'autres précautions furent prises pour prévenir les fraudes. Un arrêté du **19** mars **1836** porte, que les actes provenant de l'intérieur des provinces ne pourront servir dans les transactions passées sur le territoire occupé par les Français, s'ils ne sont certifiés véritables par le kadi du lieu, légalisés par le bey de l'arrondissement et revêtus du visa du chef de l'administration civile, ou du commandant français. L'article **2** du même arrêté ajoute, qu'à l'avenir, tout pouvoir de vendre, louer, acheter, donné verbalement, sera considéré comme nul par les tribunaux indigènes, et que, pour être valables, les procurations écrites devront être passées devant le kadi du lieu, ou du moins certifiées et visées.

Enfin, la question de savoir quelle loi régirait les actes passés en Algérie, a été résolue par la législation coloniale. Le principe, *locus regit actum*, n'était d'aucune utilité pour résoudre cette question, puisque le territoire algérien appartient à la France et que les lois française et musulmane y restent simultanément en vigueur. A cet égard, deux principes ont été posés par toutes les ordonnances relatives à l'organisation judiciaire en Algérie :

1° Toute cause civile ou commerciale dans laquelle un Français se trouve intéressé appartient aux tribunaux français (1);

2° Entre Européens, les conventions et contestations sont régies par la loi française; entre indigènes, par la loi du pays, sauf convention contraire (2); entre Européens et indigènes, par l'une ou l'autre, suivant la nature de l'objet du litige, la teneur de la convention, et, à défaut de convention, selon les circonstances ou l'intention présumée des parties.

Les arrêtés ou ordonnances que nous venons d'analyser ne purent prévenir toutes les difficultés. Au bout de quelques années, on s'aperçut que presque toutes les ventes faites par des indigènes à des Européens pouvaient donner lieu à des procès soit pour défaut de qualité des

---

(1) Arrêté du 22 octobre 1830, art. 5; ordonnance du 10 août 1834, art. 27; ordonnance du 26 septembre 1842, art. 33.

(2) Arrêté du 22 octobre 1830, art. 6; ordonnance du 10 août 1834, art. 31; ordonnance du 28 février 1841, art. 37; ordonnance du 26 septembre 1842, art. 37.

vendeurs, soit pour fausse indication de contenance, soit pour inaliénabilité de la chose
vendue, soit enfin pour défaut de consentement, l'Arabe ayant seulement entendu donner
à bail ce que l'Européen avait entendu acheter.

L'ordonnance du 1ᵉʳ octobre 1844 vint tran-
cher toutes ces questions non-seulement pour
l'avenir, mais encore et rétroactivement pour
le passé (1).

En ce qui touche les ventes antérieures, l'ordonnance consacrant la jurisprudence constante
des tribunaux algériens décide qu'elles ne pourront être arguées de nullité à raison de l'insuffisance des pouvoirs des kadis, maris, pères,
frères et chefs de famille ayant stipulé pour
autrui sans mandat spécial, sauf le recours des
ayants droit, s'il y a lieu, contre ceux qui auront
agi en leur nom. (Art. 1.) Les procurations en
vertu desquelles il aura été procédé aux ventes
ne pourront non plus être arguées de nullité
lorsqu'avant la vente elles auront été reconnues
suffisantes et certifiées par le kadi. (Même article.)

---

(1) V. le commentaire de cette ordonnance par M. Montagne,
ancien défenseur à Alger. 1 vol. in-8°. Alger 1845.

Tout bail à rente, ou par annuités, dont la durée n'est pas fixée par le contrat est considéré comme perpétuel, et emporte transmission définitive et irrévocable des immeubles qui en sont l'objet. La rente ou l'annuité stipulée est également considérée comme perpétuelle, sauf l'exercice de la faculté de rachat par le débiteur. (Art. 2.)

Aucune vente faite par un indigène à un Européen ne pourra être attaquée par le motif que les immeubles étaient inaliénables aux termes de la loi musulmane (1). (Art. 3.)

Toute action réelle dans laquelle un Européen sera en cause sera portée devant le tribunal français de la situation de l'immeuble, et jugée d'après les lois françaises combinées avec l'ordonnance et les dispositions antérieures. (Art. 4.) Ces actions devront, sous peine de déchéance, être intentées dans les deux ans de la promulgation de l'ordonnance, c'est-à-dire avant le 21 octobre 1846, sans préjudice des prescriptions et déchéances qui seraient encourues avant ce terme. Ce délai court contre toutes personnes, même contre les incapables,

(1) Nous reviendrons sur ce point en commentant l'article 17 de la loi.

sauf leur recours contre qui de droit. (Art. 7.)

Dans les ventes d'immeubles ruraux qui n'auront pas été faites à raison de tant la mesure, l'indication de la contenance ne donnera lieu à une diminution de prix pour insuffisance, ou à un supplément de prix pour excédant de mesure, qu'autant que la différence de la mesure réelle à celle exprimée au contrat sera de plus du tiers de la mesure réelle. L'action en diminution ou en supplément de prix devra, sous peine de déchéance, être intentée dans l'année de la promulgation de l'ordonnance (c'est-à-dire avant le 21 octobre 1845). (Art. 6.)

Dans les deux ans, à partir de la promulgation de l'ordonnance (c'est-à-dire avant le 21 octobre 1846), les acquéreurs pourront assigner en remise de titres, devant le tribunal de la situation des immeubles, ceux de leurs auteurs médiats ou immédiats qui sont détenteurs des titres de propriété. L'État sera mis en cause. (Art. 8 et 9.)

Enfin, toute vente faite par le domaine est irrévocable. Si un tiers revendique et obtient gain de cause, tous ses droits sont transportés sur le prix. (Art 10.)

Pour l'avenir, l'ordonnance décide que toutes

les ventes faites par des indigènes à des Européens seront soumises aux dispositions du Code
civil. Toutes actions réelles où un Européen
sera en cause seront jugées par les tribunaux
français suivant la loi française. Quelques-unes
des dispositions interprétatives que nous venons d'énumérer sont déclarées applicables aux
ventes qui auront lieu ultérieurement; telles
sont les dispositions relatives à la validité des
procurations, à l'effet des baux à rente, à la
suppression de l'inaliénabilité des immeubles,
à l'action en production de titres et à l'effet des
ventes consenties par le domaine. (Art. 5, 8
et 10.)

Tel était l'état de la législation sur les acquisitions d'immeubles en Algérie lors de la rédaction de la loi nouvelle.

Le projet du Gouvernement laissait subsister
la loi musulmane pour les transactions entre
Musulmans, mais apportait de graves modifications à la loi française pour les transactions
entre Musulmans et Européens. Il exigeait que
ces transactions eussent lieu par actes notariés,
transcrits à la conservation des hypothèques et
publiés; un autre article portait que la propriété de tous immeubles acquis avec juste titre

serait prescrite entre toutes parties privées par
une possession de cinq années, à partir de la
transcription.

La commission de l'Assemblée n'a pas trouvé
cette innovation suffisamment justifiée et a préféré s'en rapporter purement et simplement au
droit commun. En effet, pour être conséquent,
il aurait fallu soumettre aux mêmes formalités
les transactions de Musulman à Musulman.
« L'exception à l'égard des uns, dit l'honorable M. Henri Didier dans son deuxième rapport, est aussi peu justifiable que la règle à
l'égard des autres.

« En droit français, comme en droit musulman, il suffit du consentement des parties pour
former les conventions, et la vente est parfaite
dès que l'on est convenu de la chose et du prix.
Le reste n'est qu'une affaire de preuve, et il n'y
est pas moins efficacement pourvu par un acte
sous seing privé que par un acte notarié.

« Pourquoi donc substituer à l'autorité toute
spiritualiste de ce système, si bien en accord
avec l'état de notre société, celle de la matérialité
de certaines formes solennelles que la loi commune n'exige pas?—Parce que, pendant quatorze
ou quinze ans, le commerce des immeubles en

Algérie, livré à toutes les cupidités de l'agiotage, a pu impunément jeter le trouble dans la
propriété par l'audace de sa mauvaise foi et de
ses improbités?

« Mais si alors des Arabes, pénétrés de cette
conviction que notre présence au milieu d'eux
n'était qu'un accident sans durée possible, ont
osé vendre à vil prix des biens qui ne leur ap-
partenaient pas, ou qui même n'avaient qu'une apparence trompeuse de réalité, il est à remarquer
que ces ventes se faisaient dans les villes, sans
visite préalable des lieux, sur de simples actes
de notoriété, à des spéculateurs européens im-
patients de faire fortune, peu soucieux eux-mêmes de la réalité des acquisitions qu'ils faisaient,
pourvu qu'elles leur procurassent un titre à né-
gocier chèrement à d'autres spéculateurs ou à
des dupes.

« Aujourd'hui, au contraire, toutes les illu-
sions sont dissipées; une crise à la fois funeste
et salutaire, déterminée par l'excès de ce trafic
honteux, est venue éclairer tous les esprits.
Les Arabes ont perdu l'espoir de nous expulser
de l'Algérie et sont résignés à vivre avec nous
sous notre domination; l'agiotage déconcerté
est à bout de tout crédit, et la prudence la plus

ombrageuse préside aux transactions en matière d'immeubles. Les déceptions accumulées ont eu pour effet de ramener les choses à leur état normal.

« En présence de cette situation toute nouvelle, à quoi pourraient servir les exigences du projet du Gouvernement ? — A contrarier des habitudes fondées sur les lois les plus certainement acceptées, et à entraver, sans profit pour personne, le mouvement régulier des affaires. »

Lors de la troisième lecture, un amendement fut proposé par M. Poujoulat (1). Cet amendement consistait à ajouter à l'article que les transmissions de biens entre Musulmans dans les territoires civils seraient transcrites en français dans les registres du domaine, à la requête du kadi.

M. le général Daumas, commissaire du Gouvernement, et le rapporteur de la commission ont combattu l'amendement, en faisant remarquer que cette exigence était contraire à la loi musulmane aussi bien qu'à la loi française, et qu'on ne pouvait demander aux Musulmans ce qu'on ne demandait même pas aux Européens (2).

---

(1) Séance du 16 juin 1851, *Moniteur* du 17.
(2) En droit musulman comme en droit français, la vente est

D'ailleurs, la mesure proposée était absolument impraticable ; ces motifs ont décidé l'Assemblée à rejeter l'amendement.

Le système de la loi est très-simple : entre Musulmans, les transmissions de biens sont régies par le droit musulman ; entre toutes autres personnes, par le Code civil. C'est une conséquence du principe déjà consacré depuis longtemps qui attribue à la justice française tous les procès civils dans lesquels un Européen ou même un indigène israélite est partie (1).

Il n'entre pas dans notre plan d'exposer ici les règles du droit français et celles du droit musulman en matière de transmissions d'immeubles. Toutefois, quelques explications sont nécessaires à l'égard des ventes faites par des Musulmans à des Européens : quand la loi déclare que ces sortes de ventes seront régies par le Code civil, elle suppose que les parties contractantes ont entendu se référer au Code civil

---

un contrat purement consensuel : « Une vente est conclue, dit Khalil, lorsque le consentement des contractants est exprimé par paroles, ou par gestes, ou par signes, ou même seulement par l'acceptation tacite et de la main à la main de la chose achetée et du prix de cette chose. » (Tome 3, page 170.)

(1) V. l'ordonnance du 26 septembre 1842.

pour régler leurs obligations réciproques. C'est une interprétation de volonté, mais rien de plus.

Ainsi, en ce qui touche la nature et les effets du contrat, le consentement des parties, l'obligation pour le vendeur de délivrer et de garantir, pour l'acheteur de payer le prix, l'action résolutoire, la clause de réméré et la rescision pour lésion de plus des sept douzièmes, le juge devra appliquer les dispositions du Code civil.

Mais la capacité du Musulman vendeur devra se juger d'après la loi musulmane; il en est de même de la question de savoir si le Musulman vendeur était réellement propriétaire.

Ces questions de capacité et de propriété se réduisent presque toujours à des questions de fait. On sait que les Musulmans n'ont pas d'état civil, et la majorité chez eux n'est pas fixée à un âge déterminé (1). Quant aux femmes, elles ne sont pas soumises à l'autorisation maritale, et gardent même pendant le mariage le droit de disposer librement de leurs biens. Les biens des mineurs et des absents peuvent être ven-

_____

(1) V. Khalil, au titre de l'interdiction et de la minorité (tome IV).

dus, sans qu'il y ait aucune formalité prescrite, soit par les tuteurs, soit même d'office par les kadis. La vente d'un immeuble n'est pas, comme en droit français, un acte exceptionnel, dépassant les bornes d'une simple administration, et ainsi il a été jugé qu'une procuration générale donnée par un Musulman emporte pouvoir d'aliéner (1).

La notoriété suffit également pour établir la propriété du vendeur ; cependant il existe presque toujours des titres (actes de partage ou de vente, constitutions de habous), c'est à l'acheteur européen à vérifier ces titres en remontant jusqu'à la limite de la prescription acquise. Il suffit de rappeler ici que la propriété en droit musulman s'acquiert même sans titre ni bonne foi par une possession de dix ans entre étrangers et de quarante ans entre parents (2). Il est utile de faire remarquer enfin que l'arrêté du 28 mai 1832, qui a introduit le régime hypo-

---

(1) Arrêt de la cour d'appel d'Alger du 10 août 1844 (*Journal du Palais de l'Algérie*, n° 126). — V. Khalil, au titre du Mandat, t. IV.

(2) V. la déclaration de Si-Chadli, kadi de Constantine (Procès-verbaux de la commission, 22ᵉ séance, 27 février 1850) et l'arrêt de la cour d'appel d'Alger du 5 juillet 1847. (*Journal du Palais de l'Algérie*, n° 135.)

thécaire en Algérie, et rendu obligatoires les formalités de la transcription et de l'inscription, n'est pas applicable aux contrats passés entre indigènes, soit Musulmans, soit israélites. Les priviléges et hypothèques des indigènes sont donc formellement dispensés d'inscription (1).

La remise des titres de propriété est généralement stipulée dans tous les actes de vente; du reste, elle est de droit. L'article 8 de l'ordonnance du 1er octobre 1844 porte que « les acquéreurs d'immeubles pourront à toute époque exiger de ceux de leurs auteurs médiats ou immédiats qui sont détenteurs des titres de propriété, la remise ou le dépôt de ces titres en l'étude d'un notaire. L'action sera portée devant le tribunal de la situation des immeubles. Le tribunal ne pourra statuer qu'après que l'administration des domaines aura été mise en cause pour surveiller ses droits. S'il est dù, pour le prix ou pour partie du prix des immeubles, soit une rente, soit les intérêts d'un prix à terme, le débiteur pourra en suspendre le

---

(1) V. l'article 10 de l'arrêté du 28 mai 1832 et l'arrêt de la cour d'appel d'Alger du 31 juillet 1850. (*Journal du Palais de l'Algérie*, n° 134.)

payement durant le procès, tant à l'égard du vendeur qu'envers son cessionnaire, sans préjudice des dommages-intérêts, s'il y a lieu. » Cette disposition n'a été abrogée par aucune disposition postérieure (1).

Les transmissions immobilières en Algérie ont souvent lieu sous la forme de baux à rentes. Cette convention est régie par l'article 530 du Code civil; c'est une vente ayant pour prix le capital nécessaire pour racheter la rente, et le rachat ne peut être interdit pendant plus de trente ans. Ce contrat, qui convenait d'ailleurs aux habitudes des Musulmans, comme nous le verrons dans le commentaire de l'article suivant, permet aux colons européens de devenir propriétaires sans aliéner leurs capitaux.

L'ordonnance du 1er octobre 1844 (titre 2) traçait des règles pour le rachat des rentes. Notre article renvoie simplement au Code civil (*V.* art. 530) et par là se trouvent implicitement abrogées toutes dispositions antérieures.

---

(1) Toutes les autres dispositions du titre 1er de l'ordonnance du 1er décembre 1844 doivent être considérées comme abrogées.

Art. 17.

Aucun acte translatif de la propriété d'un immeuble appartenant à un Musulman au profit d'une autre personne qu'un Musulman, ne pourra être attaqué pour cause d'inaliénabilité fondée sur la loi musulmane.

Toutefois, dans le cas de transmission par un Musulman à toute autre personne d'une portion d'immeuble indivis entre le vendeur et d'autres Musulmans, l'action en retrait connue sous le nom de *droit de cheffa* dans la loi musulmane, pourra être accueillie par la justice française et le retrait être autorisé ou refusé, selon la nature de l'immeuble et les circonstances.

Le premier paragraphe reproduit l'article 3 de l'ordonnance du 1er octobre 1844. Pour faire comprendre cette disposition, il faut donner quelques explications empruntées à la loi musulmane.

« Les biens, dans leur rapport avec les dispositions dont ils peuvent être l'objet, disent les documents officiels (1), se divisent en *melks* et *habous*.

« Les biens *melks* sont les propriétés libres et franches dont le possesseur peut disposer suivant sa volonté, en se conformant à la loi.

« On appelle *habous* les biens dont un particulier, réservant la jouissance pour lui-même, sa postérité directe ou quelqu'un de ses parents dans un ordre déterminé, donnait la nue propriété actuelle à un établissement de piété, de charité ou d'utilité publique. C'était une véritable substitution par l'effet de laquelle l'institution appelée entrait en partage du domaine direct, en attendant que le domaine utile lui advînt, exerçant dès à présent une partie des droits de la propriété qui était *emprisonnée, engagée*, selon le sens originaire du mot *habous*.

« Ces sortes de substitutions s'étaient multipliées à un tel point qu'elles comprenaient la plus grande partie des maisons et des jardins, et s'étendaient déjà beaucoup dans la campagne.

---

(1) *Tableau de la situation des établissements français dans l'Algérie.* Tome 1er, 1838, page 257.

« Elles étaient inspirées par la piété et la charité, mais en satisfaisant aux préceptes de la religion, le Musulman mettait sa fortune à l'abri de la prodigalité de ses successeurs et la dérobait à l'avidité spoliatrice du pouvoir.

« Le *habous* est de sa nature inaliénable ; mais si l'immeuble dépérissait entre les mains de l'usufruitier, si la ruine des bâtiments était imminente, sans que le possesseur actuel pût faire les dépenses exigées, la vente, ou plutôt l'aliénation avec un titre spécial était décidée et autorisée par une délibération du *midjelès* (réunion du mufti et des kadis). Le contrat de vente qui intervenait alors au profit d'un tiers portait le nom d'*ana*. Il emportait obligation pour l'acquéreur de faire les améliorations exigées et de payer à perpétuité une rente annuelle qui prenait la place de l'immeuble dans les transmissions successives dont il pouvait être l'objet, et continuait de grever la propriété dans quelques mains qu'elle résidât. »

La cause qui introduisit le habous a disparu depuis la conquête française, et on remarque même que, dans les territoires soumis à notre administration, on ne voit plus les indigènes faire de constitutions de habous. D'ailleurs, les

14

établissements religieux au profit desquels ces substitutions étaient faites n'existent plus aujourd'hui. Le habous n'est donc plus qu'une entrave inutile à la libre disposition des biens. Sans s'expliquer sur la question de savoir si les habous existants continueront à produire leur effet entre Musulmans, la loi déclare que l'inaliénabilité résultant du habous ne pourra être opposée par des Musulmans à des Européens (1).

En même temps qu'il supprime le habous, notre article maintient, mais d'une manière facultative pour le juge, le droit de cheffa, qui est, en droit musulman, l'équivalent du retrait d'indivision usité dans notre ancien droit français. Nous avons déjà fait observer que l'indivision entre copropriétaires est un fait habituel en Algérie ; les partages y sont rares. La conséquence de ce fait est le droit attribué à tout copropriétaire de retraire la part de la propriété commune vendue à un étranger.

---

(1) M. Montagne soutient que l'ordonnance de 1844 a eu pour effet d'abolir les habous même entre Musulmans (V. son commentaire sur l'ordonnance de 1844, art. 3). — Mais les tribunaux musulmans maintiennent chaque jour des dévolutions de successions faites en vertu de constitutions de habous, et leurs jugements sont confirmés par la cour d'appel d'Alger.

Le droit de cheffa (1) s'exerce contre tout acquéreur à titre onéreux d'une part indivise dans un immeuble ; il a lieu moyennant l'offre du prix et des loyaux coûts. Il se prescrit par six mois ou par un an à partir du contrat, suivant que le retrayant a été ou non présent à la vente. Entre plusieurs concurrents la préférence pour l'exercice du droit de cheffa se règle suivant le degré de successibilité. Ainsi elle appartient d'abord aux héritiers à portion légale, puis aux héritiers simples, puis enfin aux étrangers ; entre plusieurs concurrents au même titre, la portion retirée se partage proportionnellement.

Notre article, conforme aux errements de la jurisprudence antérieure, donne aux tribunaux français un pouvoir discrétionnaire pour admettre ou rejeter, suivant les circonstances, l'exercice de ce droit de retrait.

---

(1) *V.* Khalil, au titre du droit de Cheffa (t. IV, p. 420).

TITRE IV.

De l'expropriation et de l'occupation temporaire pour cause d'utilité publique.

L'expropriation pour cause d'utilité publique et la fixation des indemnités ont été longtemps abandonnées, en Algérie, à l'arbitraire de l'administration, et il était difficile qu'il en fût autrement jusqu'à ce que l'état de guerre eût cessé et que les progrès de la colonisation eussent permis d'établir dans la colonie une organisation judiciaire semblable à celle de la métropole. Voici l'analyse des divers arrêtés qui sont venus successivement réglementer cette matière.

Dès le 26 octobre 1830, un arrêté du général en chef ordonna de nombreuses démolitions dans la ville d'Alger; cet arrêté porte que les indemnités seront fixées ultérieurement, et deux autres arrêtés des 19 janvier et 24 mai 1831 réglèrent les formalités imposées aux propriétaires pour obtenir leur payement. Les titres devaient être produits dans un bref délai devant les muftis et le cadi, transmis par eux avec leur avis au directeur des domaines, et le comité de Gouvernement devait prononcer sur le chiffre de l'indemnité (1).

Un arrêté du 17 octobre 1833 établit en cette matière quelques règles générales. Cet arrêté déclare qu'il n'est pas encore possible d'appliquer à l'Algérie les principes de la législation française en fait d'expropriation, et que des formes expéditives sont nécessaires. En conséquence, l'expropriation est prononcée par arrêté du général en chef, l'indemnité est fixée par un seul expert nommé d'accord par le propriétaire et l'Etat ou à défaut par le tribunal, et prononçant comme arbitre souverain, et la prise de possession a lieu dans les vingt-quatre heures ; — en cas d'expropriation partielle la plus-value de la portion non expropriée entre

---

(1) Cet avis ne liait en aucune façon l'administration, et ne constituait pas chose jugée. La commission instituée par l'arrêté du 5 mai 1848 a donc pu liquider les indemnités dues sans tenir compte des avis donnés par le midjelès, et alors même que des à-compte avaient été payés par l'administration. (V. les arrêts du conseil d'Etat cités page 164.)

en déduction de l'indemnité. Aucune indemnité n'est accordée à raison de terrains pris ou fouillés pour ouvrir des routes, la plus-value résultant de l'ouverture de la route devant toujours être considérée comme un équivalent du dommage souffert. Enfin les maisons menaçant ruine seront, en l'absence ou sur le refus des propriétaires, démolies d'office par l'administration qui restera nantie du terrain jusqu'au remboursement de ses avances (1).

Ces diverses dispositions furent complétées par un arrêté du 2 avril 1834. Cet arrêté porte (art. 17) qu'en cas d'expropriation partielle le propriétaire pourra abandonner l'immeuble en totalité ; il ne pourra même conserver la portion non expropriée que si elle peut être utilisée pour une construction nouvelle et indépendante, et à charge de déclarer par écrit sa volonté dans les quinze jours qui suivent la publication de l'arrêté d'expropriation. Aux termes de l'article 18, lors de la vente d'un emplacement après démolition d'office, le propriétaire exproprié doit être, à prix égal, préféré au dernier enchérisseur.

---

(1) V. un arrêt du conseil d'Etat, en date du 25 décembre 1840.

Ce système offrait bien peu de garanties à la propriété privée, et cependant un nouvel arrêté du 9 décembre 1841, dont les dispositions sont en partie empruntées à la loi française du 3 mai de la même année vint enchérir encore sur ces rigueurs, tout en prescrivant une procédure plus lente et des formes en apparence plus protectrices.

C'est en conseil d'administration que le gouverneur général déclare l'utilité publique et prononce l'expropriation; c'est le conseil d'administration qui fixe l'indemnité après une expertise contradictoire, mais il n'est point lié par cette expertise. Le principe d'indemnité est admis en matière d'occupation temporaire; si cette occupation se prolonge pendant plus de trois ans, le propriétaire peut exiger son expropriation définitive. Enfin, un recours au Ministre est ouvert contre les décisions du conseil d'administration (1); mais les cas d'expropriation ne sont pas énumérés et l'indemnité n'est pas préalable à la prise de possession par l'Etat;

---

(1) Sous l'empire de l'arrêté du 9 décembre 1841, les décisions ministérielles ne pouvaient être déférées au conseil d'Etat. (*Arrêt* du conseil d'Etat du 15 novembre 1851.)

aux termes de l'article **23** elle doit toujours être liquidée en rentes.

Le règlement des indemnités promises a donné naissance à de graves difficultés. Diverses mesures ont été prises pour rendre cette liquidation plus prompte et plus facile. Nous nous bornerons à renvoyer à l'ordonnance royale du **31** juillet **1836** et aux arrêtés ministériels des **12** février **1841**, **15** janvier **1842** et **1**er avril **1844**.

Le **5** mai **1848**, un arrêté du gouverneur général de l'Algérie, approuvé par le Ministre de la guerre le **1**er juillet suivant, a attribué à une commission spéciale, sauf recours au conseil d'État, la liquidation de toutes les indemnités dues dans les trois provinces d'Alger, d'Oran et de Constantine par suite d'expropriations antérieures au **1**er janvier **1845** (1).

Au régime établi par l'arrêté du **9** décembre **1841**, l'ordonnance du **1**er octobre **1844** substitua, mais pour les territoires civils seulement, des garanties plus sérieuses, analogues à celles qu'avait données à la propriété française

_____

(1) Le droit de recours au conseil d'Etat a été souvent exercé, V. arrêts du 21 juin 1850, 4 janvier, 22 février, 1er mars, 21 juin, 26 juillet et 12 décembre 1851.

la loi du 8 mars 1810. Les territoires militaires et, dans les territoires civils, les terres incultes restèrent soumis à l'arrêté du 9 décembre 1841. (V. *ordonnance* du 1er octobre 1844, art. 107-108 ; *ordonnance* du 21 juillet 1846, art. 40-45.)

Art. 18.

L'Etat ne peut exiger le sacrifice des propriétés ou des droits de jouissance reconnus par les articles 10, 11 et 12 de la loi, que pour cause d'utilité publique légalement constatée, et moyennant le payement ou la consignation d'une juste et préalable indemnité.

———

Cet article reproduit, presque dans les mêmes termes, l'article 545 du Code civil.

Le principe qu'il consacre n'a été introduit en Algérie que par l'ordonnance royale du 1er octobre 1844. (Art. 48.)

La loi étend ce principe à tout le territoire civil ou militaire, et à toutes les propriétés sans distinction entre les possesseurs musulmans ou européens.

Quant aux droits de propriété ou de jouissance qui appartiennent à des tribus, le projet du Gouvernement traçait un mode d'expropriation spécial. L'expropriation aurait été pro-

noncée et l'indemnité réglée par le gouverneur
général en conseil de Gouvernement. L'indemnité aurait consisté en argent, ou, pour les
droits de jouissance, en un titre de propriété
sur la portion de territoire laissée à la tribu.
Ces règles spéciales ont été supprimées et les
droits des tribus comme ceux des particuliers
restent soumis au droit commun.

ART. 19.

L'expropriation peut être prononcée pour les causes suivantes :

Pour la fondation des villes, villages ou hameaux, ou pour l'agrandissement de leur enceinte ou de leur territoire ;

Pour l'établissement des ouvrages de défense et des lieux de campement des troupes ;

Pour l'établissement de fontaines, d'aqueducs, d'abreuvoirs ;

Pour l'ouverture des routes, chemins, canaux de desséchement, de navigation ou d'irrigation, et l'établissement de moulins à farine ;

Pour toutes les autres causes prévues et déterminées par la loi française.

L'article 3 de la loi du 3 mai 1841 énumère les travaux d'utilité publique qui peuvent donner lieu à l'expropriation. Ce sont tous les grands travaux publics, routes, canaux, chemins de fer, canalisation des rivières, bassins et docks entrepris par l'Etat, les départements, les communes, ou par compagnies particulières, avec ou sans péage, avec ou sans subsides du trésor, avec ou sans aliénation du domaine public. Mais cette énumération n'est pas limitative; ainsi, en règle générale, la construction, l'agrandissement ou l'amélioration de tous ouvrages d'utilité publique générale, départementale ou communale entraînent, lorsqu'il y a lieu, l'application de la loi de 1841 ; il suffit que l'utilité ait été reconnue dans les formes prescrites.

Ce principe eût peut-être suffi, sauf à être appliqué en Algérie plus largement qu'en France, eu égard aux besoins de la guerre et de la colonisation ; néanmoins il a paru utile d'écrire dans la loi les nécessités exceptionnelles spéciales à l'Algérie (1). Tel est le motif de notre article et nous le trouvons clairement indiqué dans l'exposé qui précède le projet du Gouvernement.

---

(1) L'article 25 de l'ordonnance du 1er octobre 1844 indiquait comme seules causes d'expropriation spéciales à l'Algérie, la fondation et l'agrandissement des villes et villages, et les travaux de défense ou d'assainissement du territoire.

« Les terres domaniales, dit le Ministre, ne sont pas toujours assez bien disposées pour qu'on y puisse trouver constamment les emplacements nécessaires soit à la création, soit au développement des villages indispensables à la sécurité ou à la mise en valeur du sol.

« Les étapes des troupes sont indiquées en Algérie par la nature même, de telle façon que les lieux de campement sont pour ainsi dire forcés et fixes.

« Quant aux autres établissements, ils sont d'une importance telle et si générale dans un pays où les cours d'eau sont si peu nombreux et si peu abondants qu'on pourrait presque considérer comme une calamité le droit qui serait laissé à un propriétaire de s'opposer à la création d'une fontaine, d'un abreuvoir, ou à l'utilisation d'une chute d'eau pour mettre en mouvement un moulin à farine. »

Le projet du Gouvernement rangeait la création de pépinières parmi les travaux publics donnant lieu à expropriation. Mais cette disposition ne se retrouve déjà plus dans le projet définitif présenté par la commission d'accord avec le Gouvernement.

Art. 20.

Il sera toujours tenu compte, dans le règlement des indemnités, de la plus-value résultant de l'exécution des travaux pour la partie de l'immeuble qui n'aura pas été atteinte par l'expropriation.

La plus-value pourra être admise jusqu'à concurrence du montant total de l'indemnité, et, dans aucun cas, elle ne pourra motiver le payement d'une soulte par le propriétaire exproprié.

La première partie de cet article est empruntée à l'article 40 de l'ordonnance du 1er octobre 1844 et à l'article 51 de la loi du 3 mai 1841. La seconde partie est de droit nouveau.

La jurisprudence de la cour de cassation est, en effet, fixée en ce sens que dans le cas d'expropriation partielle la plus-value ne peut jamais se compenser entièrement avec l'indemnité, en sorte que toute espèce d'indemnité soit refusée au propriétaire exproprié. (*Arrêts* de cassation du 28 août 1839 et du 28 février 1848.) L'article 38 de la loi du 3 mai 1841 donnant au jury la mission de fixer le montant de l'indemnité, la cour a pensé que l'article 51 n'autorisait pas le jury à ne fixer aucun chiffre d'indemnité.

Notre article tranche la difficulté en sens contraire. Le législateur a sans doute pensé que la plus-value résultant de l'exécution de travaux d'utilité publique était bien plus considérable en Algérie qu'en France, et que plus d'un terrain en Algérie reçoit toute sa valeur des travaux exécutés dans le voisinage aux frais de l'Etat (1).

Mais pour prévenir toute extension d'une disposition déjà rigoureuse, la loi déclare que le propriétaire exproprié ne sera jamais tenu au payement d'une soulte à titre de plus-value.

---

(1) Tous les actes de concessions rurales émanées de l'administration dans ces dernières années ont fait, en faveur des travaux publics, des réserves semblables et plus rigoureuses encore. Ils portent, en effet, que pendant dix ou quinze années, à partir de la prise de possession, l'Etat pourra s'emparer sans indemnité des terrains même cultivés qui pourront être nécessaires à ses travaux.

La loi du 16 septembre 1807 (art. 30 à 34)
n'avait pas reculé devant cette conséquence.
Notre article la repousse expressément.

Art. 21.

Jusqu'à ce qu'une loi en ait autrement décidé, l'ordonnance du 1er octobre 1844 continuera à être exécutée, en ce qui touche les formes à suivre en matière d'expropriation ou d'occupation temporaire pour cause d'utilité publique, et sera appliquée dans les territoires militaires comme dans les territoires civils.

Les articles 24 à 79 de l'ordonnance du 1er octobre 1844 sont empruntés à la loi du 3 mai 1841 et à celle du 30 mars 1831, dont ils reproduisent les dispositions principales. Seulement l'ordonnance attribue aux tribunaux le règlement des indemnités, le jury d'expropriation n'ayant pas encore pu être organisé dans la colonie.

Aux termes de l'article 113 de cette ordonnance, ses dispositions n'étaient applicables qu'aux portions de l'Algérie comprises dans le ressort des tribunaux civils de première inslance. Cette restriction est abrogée par la dernière partie de notre article, et les articles de l'ordonnance qui sont maintenus en vigueur doivent être appliqués désormais sur tout le territoire algérien. (**V.** *Arrêté* du 9 décembre 1848, art. 1er.)

Ordonnance du 1er octobre 1844 sur la propriété en Algérie.

TITRE IV.

De l'expropriation et de l'occupation temporaire pour cause d'utilité publique.

CHAPITRE 1er.

Forme de l'expropriation.

« ART. 24. L'expropriation pour cause d'utilité publique sera prononcée dans les cas et dans les formes ci-après déterminées, sauf les exceptions portées aux articles **107** et **111** de la présente ordonnance (1).

---

(1) Les articles 107 et 111 maintenaient pour les terres incultes et les marais les formes rapides d'expropriation établies par les arrêtés antérieurs. Ces deux articles ont été abrogés par

« Art. 25..... (1).

« Art. 26 (2). Lorsqu'il y aura lieu de dé'

---

l'article 53 de l'ordonnance du 21 juillet 1846, qui attribue implicitement tous les marais à l'Etat (art. 46) et établit une nouvelle forme d'expropriation pour les terres incultes (art. 40-45). Mais tout ce régime exceptionnel est supprimé par l'article 23 de la loi qui abroge expressément toutes les dispositions antérieures relatives aux terres incultes et aux marais.

(1) Cet article, qui déterminait les causes d'expropriation pour utilité publique, est remplacé par l'article 19 de la loi.

(2) Depuis la nouvelle organisation donnée à l'Algérie par l'arrêté du 9 décembre 1848, la direction et les sous-directions de l'intérieur sont remplacées par trois préfectures et un certain nombre de sous-préfectures. Le conseil d'administration est remplacé par un conseil de Gouvernement.

L'institution des commissaires civils a été provisoirement maintenue par l'article 11 du décret du 9 décembre 1848. Leurs fonctions, à la fois administratives et judiciaires ont été déterminées par l'arrêté ministériel du 18 décembre 1842, en partie modifié par l'ordonnance du 15 avril 1845. Aux termes de l'article 90 de cette dernière ordonnance, il y a un commissaire civil par cercle, celui du chef-lieu de l'arrondissement excepté.

Les formalités prescrites par cet article tiennent lieu de l'enquête administrative prescrite par l'article 3 de la loi du 3 mai 1841, et dont les formes ont été déterminées par les ordonnances du 18 février 1834 et du 23 août 1835. La commission spéciale de notables propriétaires et industriels qui, d'après l'ordonnance de 1834, se réunit au chef-lieu de chaque département pour dépouiller l'enquête et donner son avis sur le projet, est remplacée en Algérie par le conseil de Gouvernement.

Les motifs de cette innovation ont été clairement expliqués par M. Dumon, dans son rapport sur le projet d'ordonnance

clarer l'utilité publique, un avis indiquant la nature et la situation des travaux à entreprendre et des établissements à former sera, à la diligence du gouverneur général, inséré dans le journal officiel de l'Algérie et affiché au siége de la justice de paix, et à défaut de justice de paix au chef-lieu du commissariat civil.

« Pendant dix jours à partir de ces insertions

(commission de colonisation de l'Algérie. 1ʳᵉ sous-commission, séance du 10 juin 1842) : « Les conditions de la « première enquête n'existent pas en Afrique. Le légis-« lateur a pu l'établir en France, parce que les représen-« tants légaux des populations s'y trouvent partout, parce « que les besoins des localités peuvent être appréciés dans « les localités mêmes, parce que les chambres consultati-« ves et toutes les réunions électives ou nommées par le Roi « sont autant d'organes ou de soutiens de l'intérêt général ; « mais rien de pareil n'existe ni ne peut exister encore en « Afrique. A qui le Gouvernement demanderait-il des lumières ? « A qui confierait-il le soin d'apprécier l'importance et l'utilité « des travaux ? Il n'y a d'autorité constituée que la sienne. Il « se consulterait lui-même et nous n'aurions introduit dans la « loi qu'une formalité sans valeur. »

En France, l'utilité publique est déclarée suivant les cas par une loi ou par un décret du Président. En Algérie, elle est dans tous les cas déclarée par un arrêté ministériel. C'est toutefois au Président de la République qu'il appartient d'ordonner par décret la fondation de nouveaux centres de population et d'en déterminer le périmètre. (Ordonnance du 21 juillet 1845, art. 3.)

et affiches, les propriétaires et autres intéressés seront admis à consigner leurs observations sur un registre ouvert, pour la province d'Alger à la direction de l'intérieur, et pour les autres provinces à la sous-direction de l'intérieur (aujourd'hui à la préfecture ou à la sous-préfecture.)

« Toutefois, dans les portions du territoire qui seront formées en districts, ces observations pourront être faites au commissariat civil du district.

« Les observations des propriétaires et autres intéressés seront soumises au conseil d'administration (aujourd'hui au conseil de Gouvernement) qui en constatera sommairement les résultats.

« La déclaration d'utilité publique ne pourra être faite qu'après l'accomplissement de ces formalités : elle sera rendue par notre Ministre de la guerre sur les avis du conseil d'administration (aujourd'hui le conseil de Gouvernement) et du gouverneur général.

« ART. 27 (1). Extrait de la décision minis-

---

(1) En France, aux termes de l'article 2 de la loi du 3 mai 1841, la loi ou l'ordonnance qui déclare l'utilité publique est

térielle portant déclaration d'utilité publique
et indiquant, en outre, les immeubles qui doivent être soumis à l'expropriation, leur nature,
leur situation et leurs propriétaires, s'ils sont
connus, sera inséré dans le journal officiel de
l'Algérie et affiché aux lieux déterminés au
paragraphe 1ᵉʳ de l'article précédent.

« Les observations des propriétaires et autres parties intéressées seront reçues dans les
formes et délais déterminés au même article,
et soumises au conseil d'administration (aujourd'hui au conseil de Gouvernement) qui en
constatera sommairement les résultats.

---

suivie : 1º d'un acte du préfet qui désigne les territoires sur
lesquels les travaux doivent avoir lieu; 2º d'un arrêté ultérieur pris après une nouvelle enquête et par lequel le préfet
détermine les propriétés particulières auxquelles l'expropriation est applicable. L'expropriation est ensuite prononcée par
les tribunaux. (Loi du 3 mai 1841, art. 1ᵉʳ.)

En Algérie, ces deux formalités se confondent, la première
avec la déclaration d'utilité publique, la seconde avec la décision administrative qui ordonne l'expropriation. Mais cette décision doit toujours être précédée d'une enquête sur le mode
d'exécution des travaux ordonnés. Notre article règle les formes
de cette enquête; il correspond aux articles 4-12 de la loi du
3 mai 1841. La commission, composée de conseillers généraux,
du maire et de l'ingénieur, qui d'après l'article 8 de cette
loi se réunit au chef-lieu de chaque arrondissement pour dé-

« ART. 28 (1). L'expropriation sera pro-

---

pouiller l'enquête et donner son avis est encore remplacée en Algérie par le conseil de Gouvernement.

« Nous n'avons pas donné à la seconde enquête, disait « M. Dumon dans son rapport, le même caractère ni la même « solennité qu'en France ; les moyens d'instruction ne sont ni « aussi efficaces ni aussi nombreux ; et d'ailleurs il s'en faut « que les difficultés à rencontrer et les intérêts divers à con- « cilier soient les mêmes en Algérie que dans un pays ancien- « nement constitué. Toutefois, nous avons demandé que, « lorsque les travaux auront été projetés et arrêtés, les propriéta- « res intéressés soient nécessairement admis à présenter leurs « observations sur le tracé adopté. »

(1) En France, l'expropriation est prononcée par jugement du tribunal. V. les articles 14 et 15 de la loi du 3 mai 1841. L'article 13, qui donne à tous administrateurs légaux ou représentants d'incapables le droit de consentir amiablement à l'aliénation des biens expropriés, après autorisation du tribunal, n'est pas reproduit par l'ordonnance. Cette disposition, nécessaire quand l'indemnité doit être fixée par un jury, devient inutile dans un système où le règlement des indemnités appartient au tribunal. La même raison explique la suppression des articles 19, 25, 26 et 27.

En France, le jugement d'expropriation peut être attaqué par la voie du recours en cassation pour incompétence, excès de pouvoir ou vice de forme (loi du 5 mai 1841, art. 20). En Algérie, la décision ministérielle qui prononce l'expropriation peut être attaquée par la voie du recours au conseil d'Etat. Il n'y a aucune raison pour rejeter ce recours, qui est de droit commun et qui peut être utile pour assurer l'exécution des formalités prescrites par l'ordonnance.

L'article 14 de la loi du 5 mai 1841 donne aux parties le droit de poursuivre l'expropriation si, dans l'année de l'arrêté du préfet, l'administration a négligé de le faire. Cette disposi-

noncée par une décision de nôtre Ministre de la guerre, rendue sur l'avis du conseil d'administration et sur celui du gouverneur général.

« Toutes les pièces de l'instruction seront, à cet effet, transmises à notre Ministre de la guerre par le gouverneur général. Les parties intéressées pourront adresser au même ministre leurs réclamations ou observations, indépendamment de celles qui auront été faites conformément à l'article précédent.

« Extrait de la décision portant indication des immeubles expropriés, avec les désignations portées en l'article précédent, sera publié et affiché sans délai, de la même manière que la décision déclarative de l'utilité publique.

« Pareil extrait sera notifié aux propriétaires intéressés. »

---

tion n'est pas reproduite dans l'ordonnance. Elle a sans doute paru incompatible avec un système qui attribue à l'administration même le droit de prononcer l'expropriation.

CHAPITRE II.

Effets de l'expropriation quant aux priviléges,
hypothèques et autres droits réels.

« ART. 29 (1). Immédiatement après la notification prescrite par l'article précédent, la
décision ministérielle portant expropriation sera
transcrite sans frais au bureau de la conservation des hypothèques, conformément à l'article 2181 du Code civil.

« ART. 30 (2). Dans la quinzaine de la
transcription, les priviléges et les hypothèques
conventionnelles, judiciaires et légales, antérieures à la publication de la décision, seront
inscrits.

« A l'expiration de ce délai, l'immeuble exproprié deviendra libre de tout privilége et de
toute hypothèque non encore inscrits, de quelque
nature qu'ils soient, sans préjudice du recours
contre les maris, tuteurs et autres administrateurs qui auraient dû requérir ces inscriptions, et les droits des créanciers, des femmes,

---

(1) *V.* l'article 16 de la loi du 3 mai 1841.
(2) *V.* l'article 17 de la loi du 3 mai 1841.

mineurs, interdits et de l'Etat seront transportés sur le montant de l'indemnité, tant qu'elle n'aura pas été payée ou que l'ordre n'aura pas été définitivement réglé.

« Les créanciers inscrits n'auront, dans aucun cas, la faculté de surenchérir, mais ils pourront exiger que l'indemnité soit fixée par l'autorité judiciaire conformément aux dispositions ci-après.

« Art. 31 (1). Les actions en résolution ou en revendication, et toutes autres actions réelles, ne pourront arrêter l'expropriation ni en empêcher l'effet. Le droit des réclamants sera transporté sur le prix, et l'immeuble en demeurera affranchi. »

CHAPITRE III.

Règlement, attribution et payement de l'indemnité.

« Art. 32 (2). Le propriétaire qui voudra faire

---

(1) V. l'article 18 de la loi du 3 mai 1841.
(2) L'état d'incertitude de la propriété algérienne rendait nécessaire cette disposition qui ne se retrouve pas dans la loi du 3 mai 1841. Il ne faut pas oublier que l'ordonnance du 1er oc-

valoir ses droits à l'indemnité sera tenu de justifier de son droit de propriété. Les titres et
autres documents qu'il aura produits seront
communiqués au directeur des finances (aujourd'hui au préfet) qui procédera à leur examen et prendra ou provoquera telles mesures
qu'il jugera convenables pour la conservation
des intérêts du domaine.

« Art. 33 (1). Dans la huitaine qui suit la
notification prescrite par l'article 28, le propriétaire est tenu d'appeler et de faire connaître à
l'administration les fermiers, locataires, ceux
qui ont des droits d'usufruit, d'usage ou d'ha-

tobre 1844 a prescrit les premières mesures relatives à la vérification des titres de propriété.

« En France, disait M. Dumon (rapport précité, page 28),
on n'exige pas du propriétaire qu'il prouve sa propriété ; si son
droit en cette qualité est contesté, il l'est par des tiers qu'on
renvoie à se pourvoir devant les tribunaux ; il n'en pouvait être
de même en Algérie. Le fait de la propriété n'a ni la même
évidence ni la même authenticité dans la plaine de la Métidja
que dans celle de la Beauce ; il ne peut donc fonder la même
présomption légale. De là, la nécessité de demander au propriétaire la justification de sa qualité ; de là, pour le domaine, le
devoir d'intervenir contradictoirement et de mettre l'intéressé
en demeure de montrer ses titres et de prouver son droit. Cette
nécessité et ce devoir qu'a établis l'arrêté du 9 décembre 1841
nous les avons maintenus. »

(1) V. l'article 21 de la loi du 3 mai 1841.

bitation, tels qu'ils sont réglés par le Code civil, et ceux qui peuvent réclamer des servitudes résultant des titres mêmes du propriétaire ou d'autres actes dans lesquels il serait intervenu ; sinon il restera seul chargé envers eux des indemnités que ces derniers pourront réclamer.

« Les autres intéressés seront en demeure de faire valoir leurs droits par l'avertissement énoncé en l'article 28, et tenus de se faire connaître à l'administration dans le même délai de huitaine, à défaut de quoi ils seront déchus de tous droits à l'indemnité.

« ART. 34 (1). Les dispositions de la présente ordonnance relatives aux propriétaires et à leurs créanciers, sont applicables à l'usufruitier et à ses créanciers.

« ART. 35 (2). Dans la huitaine de la notification prescrite par l'article 28, l'administration notifiera aux propriétaires, et à tous autres intéressés qui auront réclamé, les sommes qu'elle offre pour indemnités.

---

(1) V. l'article 22 de la loi du 3 mai 1841.
(2) V. l'article 25 de la loi du 3 mai 1841 aux termes duquel les offres doivent en outre être affichées et publiées.

« Art. 36 (1). Dans la quinzaine suivante les propriétaires et autres intéressés sont tenus de déclarer leur acceptation, ou, s'ils n'acceptent pas les offres qui leur sont faites, d'indiquer le montant de leurs prétentions.

« Ils sont également tenus de déclarer dans le même délai, à peine de déchéance, s'ils requièrent l'expropriation entière des bâtiments dont une portion seulement serait comprise dans l'expropriation pour cause d'utilité publique.

« Art. 37 (2). Si dans le délai ci-dessus les offres de l'administration ne sont pas acceptées, l'administration citera les propriétaires et tous les autres intéressés devant le tribunal civil de première instance de la situation de l'immeuble exproprié, pour qu'il y soit procédé au règlement de l'indemnité.

« La citation contiendra l'énonciation des of-

---

(1) Cet article reproduit l'article 24 et l'article 50, § 1er, de la loi du 3 mai 1841. L'article 50, § 2, permet en certains cas aux propriétaires de terrains de réclamer l'expropriation entière. L'ordonnance ne donne ce droit qu'aux propriétaires de bâtiments.

(2) V. l'article 28 de la loi du 3 mai 1841, aux termes duquel la citation a lieu devant le jury.

fres qui auront été faites et des moyens à l'appui.

« ART. 38 (1). Dans la huitaine de la citation les parties assignées signifieront leurs demandes et les moyens à l'appui.

« A l'expiration de ce délai, le tribunal pourra se transporter sur les lieux ou déléguer à cet effet un ou plusieurs de ses membres.

« Il fixera par le même jugement le jour et l'heure où le transport devra s'effectuer, et nommera d'office s'il y a lieu un ou plusieurs experts.

« ART. 39. Le tribunal ou, le cas échéant, le juge-commissaire, parties présentes ou dûment appelées, fera sur les lieux toutes vérifications, y prendra tous renseignements, ou entendra toutes personnes qu'il croira pouvoir l'éclairer.

---

(1) Les articles 29-36 de la loi du 31 mai 1841 règlent la formation du jury spécial chargé de fixer les indemnités. L'ordonnance, qui substitue les tribunaux au jury n'avait pas bc soin de reproduire ces articles.

La discussion orale et publique établie par les articles 37 et 38 de la loi est remplacée dans le système de l'ordonnance par une procédure écrite. Mais le tribunal peut toujours se transporter sur les lieux ou même ordonner une expertise. (V. l'article 17 de la loi du 7 mars 1810.)

« Les experts prêteront serment, et procéderont en la forme ordinaire.

« Les opérations terminées, la minute du procès-verbal sera remise au greffe du tribunal dans les huit jours.

« Lorsque le procès-verbal aura été déposé, le tribunal délibérera, en chambre du conseil, toutes affaires cessantes, sur les mémoires produits et sur les conclusions écrites du ministère public. Le jugement sera prononcé en audience publique.

« Art. 40 (1). Le tribunal appréciera la sincérité des titres produits, et les actes et circonstances qui seront de nature à modifier l'évaluation de l'indemnité.

« Si l'exécution des travaux qui ont modifié l'expropriation doit procurer une augmentation de valeur immédiate et spéciale au restant de la propriété, cette augmentation sera prise en considération dans l'évaluation du montant de l'indemnité.

---

(1) Cet article reproduit les articles 48 et 51 de loi du 3 mai 1841, mais le second paragraphe se trouve remplacé aujourd'hui par l'article 20 de la loi sur la propriété en Algérie.

« Art. 41 (1). Si le tribunal acquiert la conviction que des ouvrages ou travaux quelconques ont été faits par le propriétaire, de mauvaise foi, et dans la vue d'obtenir une indemnité plus élevée, le tribunal devra, selon les circonstances, rejeter ou réduire la valeur de ces ouvrages ou travaux.

« Art. 42 (2). Si dans les six mois, à compter de la décision ministérielle prononçant l'expropriation, l'administration ne poursuit pas la fixation de l'indemnité, les parties pourront exiger qu'il soit procédé à cette fixation.

« Quand l'indemnité aura été réglée, si elle n'est ni acquittée ni consignée dans les six mois du jugement du tribunal, les intérêts courront de plein droit à l'expiration de ce délai.

« Art. 43 (3). Le tribunal accordera des in-

---

(1) V. l'article 52 de la loi du 3 mai 1841.
(2) V. l'article 55 de la loi du 3 mai 1841.
(5) Cet article et le suivant reproduisent l'article 39 de la loi du 3 mai 1841, moins le paragraphe 4, d'après lequel, s'il s'élève des difficultés étrangères à la fixation de l'indemnité, le jury doit régler l'indemnité indépendamment de ces difficultés

demnités distinctes aux parties qui les réclameront à des titres différents, comme propriétaires, fermiers, locataires, ou en toute autre qualité.

« Dans le cas d'usufruit, le tribunal ne fixera qu'une seule indemnité, égale à la valeur totale de l'immeuble; le nu propriétaire et l'usufruitier exerceront leur droit sur le montant de l'indemnité au lieu de l'exercer sur la chose.

« L'usufruitier sera tenu de donner caution. Les père et mère ayant l'usufruit légal des biens de leurs enfants en sont seuls dispensés.

« ART. 44. L'indemnité allouée par le tribunal ne pourra en aucun cas être inférieure aux offres de l'administration, ni supérieure à la demande de la partie intéressée.

« ART. 45 (1). La décision du tribunal, seu-

___

sur lesquelles les parties sont renvoyées à se pourvoir. Cette disposition devenait inutile dans un système qui attribue aux tribunaux civils le règlement des indemnités.

(1) V. l'article 42 de la loi du 3 mai 1841. — Bien que souveraine et sans appel, la décision du tribunal peut cependant être attaquée par voie de recours en cassation, pour défaut de

lement en ce qui concerne la fixation du montant de l'indemnité, sera souveraine et sans appel.

« ART. 46 (1). Les frais de l'instance en règlement de l'indemnité sont supportés comme il suit :

« Si l'indemnité réglée par le tribunal ne dépasse pas l'offre de l'administration, les parties qui l'auront refusée seront condamnées aux dépens.

« Si l'indemnité est égale à la demande des parties, l'administration sera condamnée aux dépens.

« Si l'indemnité est à la fois supérieure à

---

forme ou violation des articles 38, 39, 43 et 46. Ce recours est en effet de droit commun, et il devra sans doute avoir lieu dans les formes ordinaires, l'ordonnance n'ayant pas reproduit les formes spéciales tracées par la loi du 3 mai 1841, art. 42 et 20. L'article 53 de l'ordonnance du 26 septembre 1842 sur l'organisation judiciaire en Algérie porte qu'en toute matière le recours en cassation est ouvert contre les arrêts ou jugements en dernier ressort.

Quant aux décisions par lesquelles le tribunal statue sur d'autres questions que celles du montant des indemnités, elles sont soumises au droit commun relativement à l'appel et au pourvoi en cassation.

(1) V. l'article 40 de la loi du 3 mai 1841.

l'offre de l'administration et inférieure à la demande des parties, les dépens seront compensés de manière à être supportés par les parties et par l'administration dans la proportion de l'offre et de la demande avec l'indemnité réglée.

« Tout indemnitaire qui n'aura pas indiqué le montant de ses prétentions, conformément à l'article 36, sera dans tous les cas condamné aux dépens.

« Art. 47 (1). L'indemnité sera liquidée en une somme capitale.

« Toutefois, si l'immeuble exproprié est grevé d'une rente valablement constituée pour prix de la transmission du fonds, cette rente ne sera

---

(1) Cet article ne se retrouve pas dans la législation française, parce qu'en France l'aliénation à charge de rente a lieu rarement. En Algérie, au contraire, cette sorte de transaction est très-fréquente. L'ordonnance du 1er octobre 1844, art. 11 à 15, avait déclaré les rentes perpétuelles rachetables et fixé les conditions du rachat. Aujourd'hui, ces rentes sont régies par l'article 530 du Code civil.

Le bail à rente donnait aux colons le moyen de devenir propriétaires sans se défaire actuellement de leurs capitaux ; il est juste que l'État jouisse du même avantage lorsqu'il poursuit leur expropriation pour cause d'utilité publique.

En cas d'expropriation partielle, une difficulté se présente :

pas comprise dans la liquidation. L'indemnité
en ce cas consistera dans la somme que l'immeuble sera jugé valoir en sus de la rente.

« L'administration aura l'option de continuer
le service de la rente ou de la racheter au taux
légal.

« ART. 48 (1). L'administration ne pourra

---

un immeuble est vendu 500 francs de rente; l'acheteur est
exproprié pour moitié. Par qui la rente sera-t-elle payée ?

Si l'on restait sous l'empire du droit commun, on dirait : le
propriétaire n'a pas cessé d'être débiteur de la rente; d'un autre côté, la partie expropriée passe à l'Etat, franche et quitte
de toutes charges; c'est au créancier de la rente à veiller à ce
qu'il soit fait emploi de l'indemnité.

Mais d'après notre article il en est autrement. L'Etat doit,
dans tous les cas, se charger du service de la rente. Que si,
comme dans l'exemple choisi, la rente représente la valeur de
la totalité de l'immeuble dont une partie seulement est prise
par expropriation, alors on ne peut songer ni à diviser le service de la rente, ni à la rembourser partiellement; les droits
du créancier s'y opposent (*Code civil*, art. 1244 et 2114). L'Etat
devra donc se charger de servir intégralement la rente, sauf
à constituer à son profit le propriétaire partiellement exproprié
débiteur d'une rente proportionnelle à ce qu'il garde. Dans le
cas que nous avons pris pour exemple, l'Etat se chargera de
500 francs de rente, et le propriétaire exproprié pour moitié
sera constitué débiteur d'une rente de 250 francs envers
l'Etat.

(1) V. l'article 5 de la loi du 31 mai 1841.

17

se mettre en possession des immeubles qu'après avoir délivré aux propriétaires expropriés le montant de l'indemnité ou en avoir fait la consignation.

« Art. 49 (1). S'il s'élève des contestations relatives à l'attribution de l'indemnité, le tribunal en ordonnera la consignation pour le compte de qui il appartiendra.

« La consignation sera également ordonnée, si l'immeuble est chargé d'inscriptions hypothécaires, ou s'il s'élève des oppositions ou autres empêchements à la délivrance de l'indemnité.

« Les titres de liquidation ne seront délivrés par l'administration que sur le vu d'un jugement ou d'un arrêt définitif, ou sur une transaction régulière et authentique.

CHAPITRE IV.

De l'occupation temporaire.

« Art. 50 (2). Dans le cas où l'exécution des travaux d'utilité publique définis dans l'arti-

---

(1) V. l'article 54 de la loi du 31 mai 1841.
(2) V. l'article 1er de la loi du 30 mars 1831, l'article 25, au

cle 25 nécessitera l'occupation temporaire d'un immeuble en tout ou partie, il sera procédé de la manière suivante.

« ART. 51 (1). L'occupation temporaire sera autorisée par décision rendue par notre Ministre de la guerre, sur l'avis motivé du conseil d'administration (aujourd'hui du conseil du Gouvernement) et sur celui du gouverneur général.

« Dans les trois jours de la réception de l'arrêté de notre Ministre de la guerre, le directeur de l'intérieur (aujourd'hui le préfet) transmettra ampliation dudit arrêté au procureur du Roi près le tribunal de l'arrondissement où seront situées les propriétés qu'il s'agira d'occuper et au maire de la commune de leur situation.

« Sur le vu de cet arrêté, le procureur du Roi requerra de suite, et le tribunal ordonnera immédiatement que l'un des juges se transporte sur les lieux avec un expert que le tribunal nommera d'office.

---

quel renvoie notre article, est remplacé aujourd'hui par l'article 19 de la loi nouvelle.

(1) V. les articles 2 et 5 de la loi du 30 mars 1831, d'après lesquels les travaux d'urgence doivent être autorisés par ordonnances royales.

« Le maire fera sans délai publier l'arrêté par affiche, tant à la principale porte de l'église du lieu qu'à celle de la maison commune, et par tous autres moyens possibles. Les publications et affiches seront certifiées par ce magistrat.

« Art. 52 (1). Dans les trois jours le juge-commissaire rendra, pour fixer le jour et l'heure de sa descente sur les lieux, une ordonnance qui sera signifiée à la requête du procureur du Roi au maire de la commune où le transport devra s'effectuer, et à l'expert nommé par le tribunal.

« Le transport s'effectuera dans les dix jours de cette ordonnance, et seulement huit jours après la signification dont il vient d'être parlé.

« Le maire, sur les indications qui lui seront données par l'agent de l'administration chargé de la direction des travaux, convoquera au moins cinq jours à l'avance, pour le jour et l'heure indiqués par le juge-commissaire :

« 1° Les propriétaires intéressés, et s'ils ne résident pas sur les lieux leurs agents, mandataires ou ayants cause ;

_____

(1) V. l'article 4 de la loi du 30 mars 1831.

« 2° Les usufruitiers ou autres personnes intéressées, telles que fermiers, locataires ou occupants à quelque titre que ce soit.

« Les personnes ainsi convoquées pourront se faire assister par un expert ou arpenteur.

« ART. 53 (1). Un agent de l'administration du domaine, désigné par le directeur des finances (aujourd'hui le préfet), et un expert ingénieur, architecte ou arpenteur, choisi par le directeur de l'intérieur (aujourd'hui le préfet), se transporteront sur les lieux, au jour et à l'heure indiqués, pour se réunir au juge-commissaire, au maire ou à l'adjoint, à l'agent chargé des travaux et à l'expert désigné par le tribunal.

« Le juge-commissaire recevra le serment préalable des experts, sur les lieux, et il en sera fait mention au procès-verbal.

« L'agent chargé des travaux déterminera, en présence de tous, par des pieux et piquets, le périmètre du terrain dont l'exécution des travaux nécessitera l'occupation.

« Cette opération achevée, l'expert désigné par le directeur de l'intérieur (aujourd'hui le

---

(1) V. les articles 5 et 6 de la loi du 30 mars 1831.

préfet) procédera immédiatement et sans interruption, de concert avec l'agent de l'administration du domaine, à la levée du plan parcellaire pour indiquer, dans le plan général de la circonscription, les limites et la superficie des propriétés particulières.

« Art. 54 (1). L'expert nommé par le tribunal dressera un procès-verbal qui comprendra :

« 1° La désignation des lieux, cultures, plantations, clôtures, bâtiments et autres accessoires du fonds. Cet état descriptif devra être assez détaillé pour servir de base à l'appréciation de la valeur foncière, et, en cas de besoin, de la valeur locative, ainsi que des dommages-intérêts résultant des changements ou dégâts qui pourront avoir lieu ultérieurement;

« 2° L'estimation de la valeur foncière et locative de chaque parcelle de ces dépendances, ainsi que de l'indemnité qui pourra être due pour frais de déménagement, pertes de récoltes, détérioration d'objets mobiliers ou tous autres dommages.

« Ces diverses opérations auront lieu con-

---

(1) V. l'article 7 de la loi du 30 mars 1851.

tradictoirement avec l'agent de l'administration du domaine et l'expert nommé par le directeur de l'intérieur (aujourd'hui par le préfet), avec les parties intéressées, si elles sont présentes, ou avec l'expert qu'elles auront désigné ; si elles sont absentes et qu'elles n'aient pas nommé d'expert, ou si elles n'ont pas le libre exercice de leurs droits, un expert sera nommé d'office par le juge-commissaire pour les représenter.

« Art. 55 (1). L'expert nommé par le tribunal devra, dans son procès-verbal :

« 1° Indiquer la nature et la contenance de chaque propriété, la nature des constructions, l'usage auquel elles sont destinées, les motifs des évaluations diverses, et le temps qu'il paraît nécessaire d'accorder aux occupants pour évacuer les lieux ;

« 2° Transcrire l'avis de chacun des autres experts et les observations et réquisitions, telles qu'elles lui seront faites, de l'agent chargé des travaux, du maire, de l'agent du domaine et des parties intéressées ou de leurs représentants.

---

(1) V. l'article 8 de la loi du 30 mars 1831.

« Chacun signera ses dires, ou mention sera faite de la cause qui l'en empêche.

« Art. 56 (1). Lorsque les propriétaires ayant le libre exercice de leurs droits consentiront à la cession qui leur sera demandée et aux conditions qui leur seront offertes par l'administration, il sera passé entre eux et le directeur de l'intérieur (aujourd'hui le préfet) un acte de bail ou de vente qui sera rédigé dans la forme des actes d'administration et dont la minute restera déposée aux archives de la direction de l'intérieur (aujourd'hui la préfecture).

« Art. 57 (2). Dans le cas contraire, sur le vu de la minute du procès-verbal dressé par l'expert et de celui du juge-commissaire qui aura assisté à toutes les opérations, le tribunal, dans une audience tenue aussitôt après le retour de ce magistrat, déterminera, sans retard et sans frais :

« 1° L'indemnité de déménagement à payer aux détenteurs avant l'occupation ;

_____

(1) V. l'article 9 de la loi du 30 mars 1831.
(2) Cet article et le suivant reproduisent textuellement l'article 10 de la loi du 30 mars 1831.

« 2° L'indemnité approximative et provisionnelle de dépossession qui devra être consignée, sauf règlement ultérieur et définitif, préalablement à la prise de possession.

« Art. 58. Le même jugement autorisera le directeur de l'intérieur (aujourd'hui le préfet) à se mettre en possession, à la charge :

« 1° De payer sans délai l'indemnité de déménagement, soit au propriétaire, soit au locataire ;

« 2° De signifier avec le jugement l'acte de consignation de l'indemnité provisionnelle de dépossession.

Ledit jugement déterminera le délai dans lequel, à compter de l'accomplissement de ces formalités, les détenteurs seront tenus d'abandonner les lieux. Ce délai ne pourra excéder cinq jours pour les propriétés non bâties, et dix jours pour les propriétés bâties.

« Le jugement sera exécutoire nonobstant appel ou opposition.

« Art. 59 (1). Aussitôt après la prise de

---

(1) V. les articles 12 et 13, § 2, de la loi du 30 mars 1831. Aux termes du § 1 de l'article 13, l'occupation temporaire pres-

possession, le tribunal procédera au règlement
définitif de l'indemnité de dépossession.

« L'indemnité annuelle, représentative de la
valeur locative de la propriété et du dommage
résultant du fait de la dépossession, sera payée
par moitié, de six mois en six mois, au propriétaire et au fermier, le cas échéant.

« Lors de la remise des terrains qui n'auront
été occupés que temporairement, l'indemnité
due pour les détériorations causées par les travaux, ou pour la différence entre l'état des lieux
au moment de la remise, et l'état constaté par
le procès-verbal descriptif, sera payée sur règlement amiable et judiciaire, soit au propriétaire,
soit au fermier ou exploitant, et selon leurs
droits respectifs.

« ART. 60 (1). Lorsque des terrains seront

---

crite par l'ordonnance royale ne pourra avoir lieu que pour des
propriétés non bâties. Dans le système de l'ordonnance, cette
occupation peut être établie pour toute sorte de propriétés par
un simple arrêté ministériel. Quant à l'article 11, les rédacteurs
de l'ordonnance ont sans doute jugé inutile de le reproduire.

C'est aujourd'hui, en France, le jury qui règle les indemnités
dues pour occupation temporaire (*Loi* du 3 mai 1841, art. 76).
Comme il n'y a pas de jury en Algérie, les rédacteurs de l'ordonnance n'ont eu qu'à copier la loi de 1834.

(1) Le second paragraphe de cet article est emprunté à l'ar-

occupés temporairement, pour l'extraction de pierres ou autres matériaux nécessaires aux travaux publics, il ne sera dû de dédommagement au propriétaire que pour la destruction des bâtiments ou clôtures, pour la perte des récoltes pendantes, et pour la diminution de valeur que les terrains auraient subie par suite des travaux de l'administration.

« Il n'y aura lieu à faire entrer dans l'estimation la valeur des matériaux à extraire, que dans le cas où l'administration s'emparerait d'une carrière ou minière déjà en exploitation. Dans ce cas, les matériaux seront évalués d'après leur prix courant, abstraction faite de la hausse occasionnée par le travail d'utilité publique pour lequel ils seraient pris.

« Art. 61 (1). Si l'occupation temporaire se prolonge plus de trois ans, le propriétaire aura le droit d'exiger la prise de possession défini-

---

ticle 55 de la loi du 16 septembre 1807. Seulement, la loi de 1807 ne parlait que des carrières ; l'ordonnance ajoute, on ne voit pas pourquoi, les minières. Cette dernière disposition doit être considérée comme abrogée par l'article 5 de la loi, qui porte que les mines et minières seront régies par le droit commun de la France.

(1) V. l'article 14 de la loi du 30 mars 1831.

tive, par une déclaration expresse notifiée à
l'administration ; en ce cas, il sera procédé à
l'expropriation, conformément aux dispositions
de la présente ordonnance, et l'indemnité sera
réglée eu égard à l'état et à la consistance de
l'immeuble, tels qu'ils auront été constatés
par les procès-verbaux mentionnés aux articles 54 et 55.

CHAPITRE V.

De la prise de possession en cas d'urgence.

« ART. 62 (1). Lorsqu'il y aura urgence de
prendre possession des terrains et bâtiments
qui seront soumis à l'expropriation, l'urgence
sera spécialement déclarée par une décision de
notre Ministre de la guerre.

« ART. 63. En ce cas, la décision portant
expropriation, et celle qui déclare l'urgence,

---

(1) Les articles 62 à 71 sont textuellement empruntés aux articles 65 à 74 de la loi du 3 mai 1841, sauf quelques changements de rédaction sans importance. La plus grande différence
est précisément dans cet article 62, qui attribue la déclaration
d'urgence au Ministre de la guerre, tandis que l'article 65 de
la loi de 1831 l'attribue au Roi.

seront notifiées au propriétaire avec assignation devant le tribunal civil. L'assignation sera donnée à huit jours au moins, outre le délai des distances, s'il y a lieu; elle énoncera la somme offerte par l'administration.

« Art. 64. Au jour fixé, les propriétaires et les détenteurs seront tenus de déclarer la somme dont ils demanderont la consignation avant l'envoi en possession.

« Faute par eux de comparaître, il sera procédé contre eux en leur absence.

« Art. 65. Le tribunal fixe les sommes à consigner.

« Le tribunal peut se transporter sur les lieux ou commettre un juge pour visiter les terrains, recueillir tous les renseignements propres à en déterminer la valeur, et en dresser, s'il y a lieu, un procès-verbal descriptif. Cette opération devra être terminée dans les dix jours, à dater du jugement qui l'aura ordonnée.

« Dans les trois jours de la remise de ce procès-verbal au greffe, le tribunal déterminera les sommes à consigner.

« Art. 66. La consignation doit comprendre, outre le principal, la somme nécessaire pour

18

assurer pendant deux ans le payement des intérêts au taux légal.

« ART. 67. Sur le vu du procès-verbal de la
consignation, et sur une nouvelle assignation à
deux jours de délai, le président ordonne la
prise de possession.

« ART. 68. Le jugement du tribunal et l'ordonnance du président sont exécutoires sur minute et ne peuvent être attaqués par opposition
ni par appel.

« ART. 69. Le président taxera les dépens
qui seront supportés par l'administration.

« ART. 70. Après la prise de possession, il
sera, à la poursuite de la partie la plus diligente, procédé à la fixation définitive de l'indemnité, conformément aux articles 40 et suivants de la présente ordonnance.

« ART. 71. Si cette fixation est supérieure à
la somme qui a été déterminée par le tribunal,
le supplément doit être consigné dans la quinzaine de la notification du jugement, et, à défaut, le propriétaire peut s'opposer à la conti-
nuation des travaux. »

CHAPITRE VI.

Dispositions générales.

« ART. 71 (1). La décision qui déclare l'utilité publique et celle qui prononce l'expropriation sont rendues sur la proposition du chef de service dans l'intérêt duquel l'expropriation est poursuivie.

« Le règlement et l'attribution de l'indemnité sont effectués pour tous les services publics, à la diligence du directeur de l'intérieur.

« Le domaine et les anciennes corporations sont représentés par le directeur des finances, soit devant l'autorité judiciaire, soit devant l'autorité administrative.

« ART. 73 (2). Les significations et notifications, mentionnées en la présente ordonnance,

---

(1) Cet article, qui avait pour but de régler la compétence des divers chefs de service administratifs n'a plus d'intérêt depuis que l'administration a été ramenée à l'unité par l'ordonnance du 1er septembre 1847 et surtout par l'arrêté du 9 décembre 1848, qui a divisé l'Algérie en départements administrés par des préfets.

(2) L'ordonnance du 16 avril 1848 a rendu le Code de procé-

seront faites ainsi qu'il est prescrit par les articles 3 et 4 de l'ordonnance du 16 avril 1843.

« ART. 74 (1). Pour les ajournements don-

---

dure civile exécutoire en Algérie sous certaines modifications.
Les articles 3 et 4 sont ainsi conçus :

Art. 3. Aucune citation ou signification ne pourra être valablement faite qu'à la personne ou au domicile réel ou d'élection, ou à la résidence de la partie citée, sauf les dispositions
de l'article suivant.

Sera nulle toute signification faite à la personne ou au domicile d'un mandataire, à moins qu'il ne soit porteur d'un pouvoir spécial et formel de défendre à la demande. Cette nullité
pourra être prononcée en tout état de cause, sur la demande de
la partie intéressée et même d'office par le tribunal.

Art. 4. Lorsque le lieu du domicile ou de la résidence de la
partie citée ne sera pas connu, l'exploit sera affiché à la principale porte et dans l'auditoire du tribunal où la demande sera
portée. Il en sera, en outre, donné copie en duplicata à l'officier du ministère public près le tribunal compétent, lequel vi-
sera l'original, gardera l'une des copies, dont il fera insérer
l'extrait au *Moniteur algérien*, et transmettra l'autre au ministère de la guerre si la partie est française, ou au ministère
des affaires étrangères si la partie est étrangère.

Néanmoins, dans le même cas, la citation ne sera valable
qu'autant que le demandeur rapportera un certificat constatant
que la partie assignée n'a point fait la déclaration du lieu de
sa résidence à la mairie du chef-lieu de l'arrondissement judiciaire, sur un registre qui sera spécialement tenu à cet effet
dans ladite mairie. Ce certificat sera délivré sans frais et dis-
pensé de la formalité de l'enregistrement.

(1) Les articles 6 et 7 de l'ordonnance du 16 avril 1843 sont
ainsi conçus :

Art. 6. Le délai pour les ajournements à comparaître devant

nés en exécution des articles 37 et 63 de la présente ordonnance, seront observés les délais fixés par les articles 6 et 7 de l'ordonnance du 16 avril 1843, sans que dans aucun cas ce délai puisse excéder trente jours.

« ART. 75 (1). Les significations et notifications, mentionnées en la présente ordonnance, peuvent être faites tant par huissier que par tout agent de l'administration dont les procès-verbaux font foi en justice.

« ART. 76 (2). Les plans, procès-verbaux, certificats, significations, jugements, contrats, quittances et autres actes faits en vertu de la

les tribunaux de l'Algérie sera augmenté d'un jour par chaque myriamètre de distance par terre entre le tribunal devant lequel la citation est donnée et le domicile ou la résidence en Algérie de la partie citée.

Art. 7. Lorsqu'une partie domiciliée en Algérie et assignée à comparaître devant un tribunal de cette colonie ne peut se rendre que par la voie de mer dans le lieu où siège ledit tribunal, il y aura un délai fixe de trente jours pour la traversée maritime, indépendamment du délai réglé par l'article précédent, pour la distance par terre, s'il y a lieu.

(1) V. l'article 57 de la loi du 3 mai 1841, § 2.

(2) V. l'article 58, §§ 1 et 2 de la loi du 3 mai 1841. L'article 56, qui permet de passer les contrats et quittances en la forme administrative, n'est pas reproduit par l'ordonnance. Dans un système qui attribue aux tribunaux le règlement des indemnités, il a sans doute paru plus simple de faire insérer toutes les conventions dans le jugement.

présente ordonnance, seront visés pour timbre et enregistrés gratis, lorsqu'il y aura lieu à la formalité de l'enregistrement.

« Il ne sera perçu aucun droit pour la transcription des actes au bureau des hypothèques.

« ART. 77 (1). Les concessionnaires de travaux publics exerceront tous les droits et seront soumis à toutes les obligations de l'administration, tels que ces droits et obligations sont réglés par la présente ordonnance.

« ART. 78. Les ordonnances et arrêtés antérieurs sur l'expropriation et l'occupation temporaire pour cause d'utilité publique sont abrogés, sauf ce qui sera dit aux articles 107 et 108 de la présente ordonnance. (2)

---

(1) V. l'article 63 de la loi du 3 mai 1841. Les dispositions des articles 60, 61 et 62 sur la rétrocession des terrains non employés par l'administration ne sont pas reproduites par l'ordonnance.

(2) Nous avons déjà fait remarquer que cette exception disparaît devant l'article 25 de la loi nouvelle. Nous avons donné plus haut l'énumération et l'analyse des arrêtés et ordonnances antérieurs.

CHAPITRE VII.

Dispositions transitoires.

« ART. 79 (1). Les indemnités dues pour expropriations consommées depuis le 5 juillet 1830 jusqu'à la promulgation de la présente ordonnance, seront réglées conformément à la législation sous l'empire de laquelle ces expropriations auront été consommées. Pour le temps antérieur à l'arrêté du 17 octobre 1833 l'expropriation est réputée consommée :

« 1° Par le seul fait de la démolition ou de l'occupation effective de l'immeuble ;

« 2° Par l'attribution qui en aura été faite à un service public ;

« 3° Par la disposition que l'administration en aurait faite en faveur des tiers, à titre d'aliénation, d'échange ou de concession ;

« 4° Enfin par tout acte ou fait administratif ayant eu pour résultat de faire cesser la possession du propriétaire. »

---

(1) L'arrêté du gouverneur général, en date du 5 mai 1848, approuvé le 1er juillet par le Ministre, a créé une commission pour la liquidation de ces indemnités arriérées. Cette commission statue sauf recours au conseil d'État.

Art. 22.

Continueront à être exécutées : 1° les dispositions de l'ordonnance du 21 juillet 1846, relatives à la vérification des titres de propriété jusqu'à l'achèvement des opérations actuellement commencées ; 2° l'ordonnance du 3 octobre 1845, relative au séquestre des biens appartenant à des indigènes jusqu'à ce qu'une loi en ait autrement ordonné.

Ces deux ordonnances, que nous avons eu souvent l'occasion de citer, forment une partie importante de la législation algérienne. L'article 4 renvoyait déjà à l'ordonnance du 31 octobre 1845 ; quant à celle du 21 juillet 1846 il fallait une disposition expresse pour la maintenir en vigueur. « La vérification générale et administrative des titres de propriété rurale se poursuit avec ardeur depuis quatre ans, dit M. Henri Didier dans son premier rapport ;

elle n'a donné jusqu'à présent que de bons résultats, et aujourd'hui qu'elle a fait la plus
grande partie de son œuvre, pourrait-il être
sage et utile d'y renoncer et d'en revenir, à
cet égard comme à tous les autres aux formes
accoutumées du droit commun? La rigueur
des principes le voudrait sans aucun doute,
mais par là on laisserait subsister pour un temps
indéfini le désordre le plus regrettable dans un
grand nombre de propriétés, et on s'expose-
rait à ébranler la foi que méritent les travaux
de vérification déjà accomplis. Ce serait jeter
de nouveau la propriété toute entière dans des
embarras inextricables. »

Nous avons déjà donné l'exposé historique
de la législation sur le séquestre en Algérie,
il nous reste à indiquer les diverses dispositions relatives à la vérification des titres de propriété rurale.

Dès les premières années de la conquête,
deux arrêtés, l'un du 21 septembre 1832, l'autre
du 1er mars 1833 avaient essayé d'accomplir
la tâche déjà difficile de cette vérification. Les
détenteurs de terres devaient être sommés de
déposer leurs titres dans les trois jours entre
les mains d'une commission chargée de déli-

miter les propriétés et d'attribuer à l'Etat les biens reconnus vacants. Mais ces deux arrêtés ne furent pas exécutés ; les transmissions de propriété eurent lieu librement, c'est-à-dire sans règle et sans garantie pour les acheteurs. La propriété devint bientôt incertaine et il fallut apporter un remède au mal.

L'ordonnance du 1er octobre 1844 reproduisit en partie le système des arrêtés de 1832 et de 1833, mais dans un but purement fiscal. Le but de l'ordonnance était moins de donner aux propriétaires des droits certains et inattaquables que de reconnaître les biens vacants pour les attribuer au domaine de l'Etat, et les terres incultes pour les frapper d'un impôt spécial. (*Ordonnance* du 1er octobre 1844, titre V, art. 80 à 108.)

Dès qu'on essaya d'exécuter cette ordonnance une crise éclata. Des procès sans nombre s'élevèrent ; on s'aperçut que le remède était insuffisant, et on se décida à entreprendre la vérification par mesure administrative de toutes les propriétés immobilières en Algérie. De là l'ordonnance du 21 juillet 1846 et les arrêtés ministériels du 17 septembre et du 2 novembre de la même année. Les dispositions combinées de cette ordonnance et de ces deux arrêtés régissent aujourd'hui la matière, et la loi nouvelle les maintient en vigueur jusqu'à l'achèvement des opérations commencées (1). Nous devons en rapporter ici le texte en retranchant seulement les articles relatifs aux terres incultes, abrogés par l'article 21 de la présente loi.

Ordonnance du 21 juillet 1846 relative à la propriété en Algérie.

« ART. 1er (2). Notre Ministre de la guerre

---

(1) Les territoires dans lesquels l'ordonnance du 21 juillet 1846 a été appliquée sont les territoires civils d'Alger, d'Oran, de Bone et de Constantine. Il a été reconnu qu'il n'y avait pas lieu de l'appliquer dans l'arrondissement de la Calle.

Voici, d'après les statistiques officielles, l'état des opérations au 31 décembre 1850 : dans la province d'Alger, il avait été formé 592 demandes, dont 204 par des indigènes ; sur ce nombre il avait été opéré 492 délimitations. Le conseil de préfecture avait rendu 697 décisions et il ne lui restait plus à statuer que sur 13 affaires.

Les opérations étaient moins avancées dans la province d'Oran et surtout dans l'arrondissement de Constantine.

(2) On a déjà vu que deux règlements ministériels ont été faits pour la mise à exécution de cette ordonnance, les 17 septembre et 2 novembre 1846. Ces deux règlements, dont le premier a 7 articles et le second 19, ne se bornent pas à assurer

déterminera, par des arrêtés spéciaux, le périmètre des territoires dans l'étendue desquels les
titres de propriété rurale devront être vérifiés
conformément à la présente ordonnance(1).

---

l'exécution de l'ordonnance, ils y ajoutent d'assez importantes
dispositions, et par exemple des déchéances.

Quelle valeur faut-il attacher à ces dispositions?

Il est de principe qu'un règlement ministériel ne peut pas
déroger à une ordonnance royale. (V. l'arrêt du conseil d'État
du 30 novembre 1839 (Negroni), rendu dans une question de
législation algérienne.)

Mais le Ministre a pu renoncer à certains avantages faits par
l'ordonnance à l'administration.

Cette double remarque nous servira à distinguer dans ces règlements ce qui est légal et ce qui ne l'est pas.

(1) On peut voir dans le Recueil officiel des actes du Gouvernement en Algérie les nombreux arrêtés en vertu desquels toutes les communes de l'Algérie ont été successivement soumises à la mesure de vérification générale des propriétés.

Le Rapport au Roi qui précède l'ordonnance (*Moniteur* du
23 juillet 1846), explique les motifs de l'exception posée par
notre article. « Dans la banlieue des villes, dit le Ministre, où
la terre était possédée, où généralement chaque propriété était
délimitée, close de murs ou de haies, parfaitement connue, les
mesures dont je viens de parler auraient été sans objet et sans
motifs. Le projet soumis à Votre Majesté détermine les exceptions applicables aux propriétés de cette catégorie. »

Le règlement du 2 novembre 1846, art. 1, porte : « A partir
du 1er mars 1847, aucun contrat ayant pour objet un immeuble
rural, situé dans les territoires civils de l'Algérie et en dehors
des périmètres déterminés par l'article 1er de l'ordonnance, ne
pourra être passé devant notaire, si préalablement les titres de

« Ne seront pas compris dans ces territoires :

« 1° Pour le district d'Alger, les communes
d'Alger, d'El-Biar, de Mustapha-Pacha, de
Birmandreïs, de Draria, de Birkadem, de
Kouba, de Dely-Ibrahim, de Bouzaréa, de la
pointe Pescade, et la partie de la commune de
Hussein-Dey située sur la rive gauche de
l'Arrach ;

« 2° La commune de Blidah ; telle qu'elle a
été délimitée par notre ordonnance du 29 octobre 1845 ;

« 3° La commune d'Oran telle qu'elle a été
délimitée par notre ordonnance du 29 octobre
1845 ;

« 4° La commune de Mostaganem, telle
qu'elle a été délimitée par arrêté ministériel du
18 juillet 1845 :

---

propriété n'ont reçu l'homologation du conseil du contentieux.
Les notaires qui contreviendront au présent article encourront
la révocation. » Mais, par arrêt du 14 janvier 1850, la cour
d'appel d'Alger a décidé avec raison qu'on ne peut admettre
que le ministre, qui ne décrétait pas une loi, mais qui faisait un
règlement pour assurer l'exécution de l'ordonnance du 21 juillet 1846, ait pu ou voulu ajouter à cette ordonnance des prohibitions ou des dispositions qu'elle n'avait pas prévues (*Journal du
Palais de l'Algérie*, n° 138).

« 5° Le territoire communal et civil de Bone
tel qu'il avait été constitué par l'arrêté ministériel du 28 juillet 1838.

« ART. 2. Chaque arrêté sera affiché aux
lieux ordinaires dans toutes les villes, bourgs
ou villages existant dans le périmètre déterminé, et spécialement à la porte de la mairie
ou du siège de l'autorité qui remplace le
maire (1).

« Le maire ou l'autorité qui le remplace
dressera procès-verbal de l'apposition des affiches.

« Le même arrêté sera inséré au *Moniteur*
universel à Paris, et au *Moniteur algérien* à
Alger.

« L'insertion au *Moniteur algérien* rappellera
la date du procès-verbal d'affiche.

« ART. 3. Dans les trois mois de cette double
insertion, tout Européen ou indigène qui se
prétendra propriétaire de terres comprises
dans le périmètre déterminé déposera ses titres

---

(1) C'est-à-dire des kaïds et cheiks dans les tribus ou fractions de tribus et de l'officier chargé du pouvoir municipal
dans les territoires non érigés en communes.

de propriété, pour l'arrondissement d'Alger, entre les mains du directeur des finances et du commerce, et pour les autres localités entre les mains du receveur du domaine (aujourd'hui à la préfecture de chaque département).

« Le vendeur non payé ainsi que le bailleur à rente perpétuelle ou leur cessionnaire, et généralement toute personne prétendant un droit réel sur l'immeuble, seront admis à faire ou à compléter le dépôt des titres de propriété (1).

« Le délai de trois mois courra contre les interdits, les mineurs et les femmes mariées, sauf leur recours contre qui de droit (2).

---

(1) Les tiers qui ont des droits réels sur les immeubles vérifiés sont évidemment intéressés à intervenir, car leurs droits peuvent être compromis par suite de la décision à intervenir sur la validité des titres de propriété et sur leur application au terrain.

(2) La forme du dépôt des titres a été réglée par l'article 1er de l'arrêté du 17 septembre 1846, et par les articles 2 et 5 de celui du 2 novembre 1846.

Les articles 2, 3, 4, 5 et 8 de ce dernier règlement ont même modifié, dans l'intérêt des propriétaires, l'article 5 de l'ordonnance. Pour laisser au propriétaire le temps de réunir et de faire traduire ses titres, ce règlement ne l'assujettit plus à déposer dans les trois mois qu'une déclaration contenant le nom du propriétaire, le nom, la situation, l'étendue et les limites de l'immeuble et l'indication des titres. Le délai pour produire les titres eux-mêmes et pour en demander l'homologation est de

« Art. 4. Le déposant sera tenu de faire élection de domicile pour la province d'Alger à Alger, pour les autres provinces au lieu de la résidence du receveur du domaine. Toutes les significations tendantes à l'exécution de la présente ordonnance seront valablement faites à ce domicile élu, sans qu'il soit besoin d'observer les délais des distances, à raison du domicile réel du réclamant. A défaut d'élection de domicile toutes ces significations seront valablement faites au parquet du procureur du roi ou à l'autorité qui le remplace (1).

« Art. 5. Les terres comprises dans le péri-

---

deux ans Le dépôt peut être fait directement au secrétariat du conseil du contentieux et il est constaté par un reeépissé détaché d'un registre à souche. Enfin, la demande en homologation est publiée à trois reprises dans le *Moniteur universel* et le *Moniteur algérien*, et signifiée à l'administration des domaines directement et à toute partie intéressée en la personne du procureur du roi. Le règlement ajoute que les parties ainsi mises en demeure devront faire valoir leurs droits dans le délai d'un mois à peine de déchéance; mais cette déchéance n'a pu être créée par un simple règlement ministériel et doit être considérée comme purement comminatoire.

(1) Toutefois, si le déposant est un indigène, les significations qui lui sont faites doivent être accompagnées d'une traduction par extrait en arabe; l'absence de cet extrait peut entraîner, suivant les cas, la nullité des significations. (*Ordonnance* du 26 septembre 1842, art. 68.)

mètre déterminé par notre Ministre de la guerre en vertu de l'art. 1er, et dont la propriété n'aura pas été réclamée, conformément à l'article 3 ci-dessus, seront réputées vacantes et sans maître, et l'administration pourra en faire immédiatement la concession, aux clauses et conditions qu'elle jugera convenables (1).

« ART. 6. La vérification des titres produits sera faite par le conseil du contentieux (aujourd'hui par le conseil de préfecture) (2).

---

(1) La présomption dont il s'agit ici est définitive et n'admet pas la preuve contraire. Celui qui ne produit pas ses titres dans les délais prescrits est déchu de son droit, mesure rigoureuse sans doute, mais nécessaire pour obtenir le résultat que l'on se proposait d'atteindre, la vérification de toutes les propriétés rurales.

(2) L'ordonnance du 1er octobre 1844 avait laissé les tribunaux ordinaires juges de la validité des titres relatifs aux terres incultes dont elle ordonnait la vérification. L'ordonnance du 21 juillet 1846, qui ordonne la vérification générale de toutes les propriétés rurales, a dû confier l'exécution de cette mesure à la juridiction administrative. « Y avait-il convenance et possibilité, dit l'exposé de motifs, de laisser aux tribunaux la charge de vérifier les titres d'acquisition? Il a été objecté que les tribunaux, qui ont déjà tant de peine à remplir leur tâche ordinaire, ne pourraient suffire à ce surcroît de travail. Ceci m'a amené à rechercher quel est le caractère réel de la vérification générale des titres. Cette mesure a pour but de rendre possible la colonisation, de pourvoir à un grand intérêt à la fois politique et administratif. C'est en se plaçant à ce point de vue

« Art. 7. Les receveurs du domaine enver-
ront dans la huitaine au directeur des finances

---

que la commission de colonisation proposa de soumettre la révision des titres à une commission administrative. Des scrupules
écartèrent cette idée à laquelle l'expérience a demontré qu'il
fallait revenir. Telle a été aussi la pensée de la commission des
crédits extraordinaires pour 1846, qui vient de déclarer que
les difficultés de la situation ne peuvent être vidées que par une
grande mesure administrative. Il est donc juste et opportun que
l'application des règles établies par l'ordonnance, et spécialement
a révision générale des titres soient confiées à une juridiction
administrative deja régulièrement constituée, au conseil du
contentieux. »

Le conseil du contentieux a été établi en Algérie par l'ordonnance du 15 avril 1845 (articles 67-89). Il a été supprimé par
l'ordonnance du 1er septembre 1847, (art. 5), et remplacé par
trois conseils de direction, un dans chaque province (art. 4
et 6.) L'article 13 de l'arrêté du 9 décembre 1848 a transformé
les conseils de direction en conseils de préfecture.

Les conseils de préfecture statuent, sauf recours au conseil
d'État. (*Arrêts* du conseil d'Etat des 12 avril et 15 novembre
1851). Remarquons en passant que le délai pour se pourvoir
est de neuf mois à dater du jour de la signification de
l'arrêté, aux termes de l'article 15 du décret du 22 juillet 1806,
combiné avec l'article 73 du Code de procédure civile. L'article 84 de l'ordonnance du 25 avril 1845 porte que le delai
du pourvoi au conseil d'Etat contre les arrêts du conseil du
contentieux est de trois mois à dater du jour de la signification, lorsque les arrêts sont contradictoires, ou de l'exécution
lorsqu'ils sont par défaut. Mais il faut ajouter à ce délai le
délai ordinaire des distances. D'ailleurs, il n'aurait pu être
dérogé par simple ordonnance au décret du 22 juillet 1806.
(*V.* un arrêt du conseil d'Etat du 21 janvier 1847.)

et du commerce (aujourd'hui au préfet) les titres dont ils auront reçu le dépôt.

« Le directeur des finances et du commerce
(aujourd'hui le préfet) transmettra au conseil
du contentieux (aujourd'hui au conseil de préfecture), après inventaire et dans le délai de
huit jours à partir de la réception ou du dépôt,
les titres envoyés par les receveurs du domaine
et ceux qui lui auront été remis directement.

« ART. 8. Le conseil du contentieux (aujour-
d'hui le conseil de préfecture) déclarera réguliers en la forme, les titres remontant avec
date certaine à une époque antérieure au
5 juillet 1830, et constatant le droit de propriété, la situation précise, la contenance et les
limites de l'immeuble (1).

---

(1) Il est essentiel de bien déterminer la nature de cette première décision. Examinons les diverses hypothèses qui peuvent
se présenter.

Si aucun titre n'a été produit dans les délais, le conseil n'a
pas à statuer. L'immeuble non réclamé est considéré comme
vacant et l'administration des domaines peut se mettre immédiatement en possession (art. 5.)

Si des titres ont été produits, le conseil en examine l'état
matériel, et alors :

Ou bien ces titres sont conformes aux prescriptions tracées
par notre article ; en ce cas, le conseil doit ordonner la délimitation contradictoire de l'immeuble réclamé.

« La même décision ordonnera que l'un des
membres du conseil du contentieux ou des au-
diteurs autorisés à participer aux travaux de ce
conseil, se transporte sur les lieux pour y faire
l'application des titres, avec l'assistance d'un
ou plusieurs experts nommés d'office par le
conseil du contentieux, si la descente a lieu
dans la province d'Alger, et par le membre
délégué si la descente se fait dans une autre
province.

« Art. 9. Le membre délégué rendra, dans

Ou bien les titres ne remplissent pas toutes les conditions
exigées par notre article, et en ce cas le conseil doit en déclarer la nullité (art. 18). En conséquence de cette annulation,
l'État peut revendiquer l'immeuble comme bien vacant, sauf
au possesseur à invoquer, s'il y a lieu, le bénéfice de l'article 24
de l'ordonnance.

Il peut arriver que plusieurs prétendants à la propriété du
même immeuble aient simultanement déposé leurs titres, mais
cette circonstance ne change rien aux attributions du conseil.
Le conseil n'a pas à juger la question de savoir qui est propriétaire de l'immeuble, il est seulement chargé de constater si des
titres de propriété privée ont été produits et si ces titres sont
réguliers *en la forme*. Si la production est jugée suffisante pour
établir que l'immeuble n'est pas un bien vacant, il y a lieu à
délimitation, au profit de qui il appartiendra, et tous droits au
fond réservés.

Les règlements ministériels des 17 septembre et 2 novembre
1846 ont encore modifié cet article dans l'intérêt des propriétaires.

le plus bref délai, une ordonnance pour fixer
le jour et l'heure de la descente sur les lieux.
Cette ordonnance sera notifiée en la forme administrative :

« 1° A la partie qui aura produit les titres,
au domicile élu conformément aux prescriptions de l'article 4 ;

« 2° Dans la province d'Alger, au directeur
des finances et du commerce (aujourd'hui au
préfet du département), dans les autres provinces, au receveur des domaines ;

« 3° Aux experts ;

« 4° Aux propriétaires riverains dont les
titres auront été reconnus valables (1).

Peuvent être considérés comme réguliers en la forme les
actes notariés passés depuis le 5 juillet 1830, mais avant le
21 octobre 1844, lorsqu'ils contiennent l'énonciation des titres
primitifs antérieurs au 5 juillet 1830 ; seulement ces titres primitifs ne doivent pas être de simples actes de notoriété. (Règlement du 2 novembre 1846, art. 6 et 7.)

La condition de l'homologation préalable est supprimée et
l'application des titres produits au terrain a lieu dans tous les
cas : 1°, pour les Européens, quand les énonciations de leurs
titres paraissent suffisantes et qu'ils y joignent un plan et une
déclaration de contenance ; 2°, pour les indigènes, quelles que
soient les énonciations de leurs titres, quand ils paraissent en
possession de bonne foi. (Règlement du 17 septembre 1846,
art. 1, 2 et 3.) La décision sur la régularité des titres est renvoyée après la vérification sur le terrain.

(1) L'article 4 du règlement du 17 septembre 1846 porte que

« Art. 10. Le transport ne pourra s'effectuer que huit jours après la notification de l'ordonnance mentionnée au précédent article.

« Art. 11. Un agent de l'administration des domaines, désigné pour la province d'Alger par le directeur des finances et du commerce (aujourd'hui par le préfet du département), pour les autres provinces par le receveur du domaine, et toutes autres parties appelées, devront se présenter sur les lieux au jour et à l'heure indiqués, pour assister à la délimitation.

« Art. 12. Le membre du conseil du contentieux (aujourd'hui le conseiller de préfecture) délégué recevra sur les lieux le serment préalable des experts.

« Art. 13. Les experts, parties présentes ou dûment appelées, détermineront par des bornes les limites, le périmètre, la contenance de la propriété, et en lèveront le plan.

---

l'ordonnance devra en outre être affichée et insérée quinze jours à l'avance au *Moniteur algérien* ou au journal de la localité. Tous intéressés pourront assister à l'opération. — Les notifications et publications ont lieu d'office.

« Art. 14. Au cas de contestation, le plan devra figurer l'objet précis de la réclamation.

« Art. 15. Il sera dressé procès-verbal de l'opération. Ce procès-verbal mentionnera :

« Le jour et l'heure où l'opération aura commencé ;

« La date des notifications faites conformément à l'article 9 ;

« La présence ou l'absence des parties appelées ou intervenantes ;

« Le serment prêté par les experts ;

« Le nombre et la durée des vacations ;

« La situation et la contenance de la propriété, les bornes posées, et, au cas de contestation, les prétentions respectivement élevées.

« Le conseil du contentieux (aujourd'hui le conseil de préfecture) prononcera sur les contestations auxquelles pourra donner lieu l'exécution des mesures ci-dessus prescrites (1).

---

(1) Après avoir constaté la régularité des titres, le conseil du contentieux en fait faire l'application au terrain.

Lors de cette nouvelle opération toute personne a le droit d'intervenir, de contester et de requérir l'insertion de ses contestations au procès-verbal.

Deux sortes de contestations peuvent s'élever ; les unes sur les limites réelles de l'immeuble, les autres sur la propriété

« Art. 16. Le plan et le procès-verbal seront homologués, s'il y a lieu, par le conseil du contentieux (aujourd'hui par le conseil de préfecture).

« A la suite de l'homologation, le conseil rendra une décision qui vaudra titre au propriétaire, et ne pourra être attaquée, pour quelque cause que ce soit, par les tiers qui n'auront pas réclamé antérieurement.

« Copie certifiée par le secrétaire du conseil du contentieux en sera déposée à la direction des finances et du commerce (aujourd'hui à la préfecture) (1).

---

de cet immeuble, dont les limites sont d'ailleurs acceptées.

Le conseil du contentieux est compétent pour statuer sur les premières, bien qu'elles impliquent une question de propriété qui, de droit commun, devrait être tranchée par les tribunaux civils. Le but de l'ordonnance a été précisément d'attribuer ces sortes de questions aux tribunaux administratifs.

Mais quand, les limites étant d'ailleurs reconnues ou acceptées, une personne élève des prétentions à la propriété de l'immeuble délimité, en tout ou en partie, le conseil doit surseoir et renvoyer les parties à se pourvoir devant les tribunaux civils pour y faire juger la question de propriété. La contestation insérée au procès-verbal vaut comme opposition à l'homologation des titres du produisant. (V. le Règlement ministériel du 17 septembre 1846, art. 5 et 6.)

(1) Si les titres produits s'appliquent au terrain et si les opérations de délimitation ont été régulièrement faites, le con-

« ART. 17. Si les immeubles délimités par
le conseil du contentieux sont revendiqués par
plusieurs prétendants, le conseil surseoira à
statuer jusqu'à ce que les tribunaux civils aient
prononcé sur la question de propriété (1).

---

seil homologue le plan et le procès-verbal et les annexe aux
titres qui par là deviennent inattaquables. Aucune réclamation
ni tierce opposition n'est recevable après la décision d'homologation. Cette rigueur se justifie par ce motif que la publication
de la demande a mis tous les intéressés en demeure d'intervenir.

Si les titres produits ne s'appliquent pas au terrain, ou si les
opérations n'ont pas été régulièrement faites, le conseil peut,
suivant les cas, rejeter les titres ou ordonner que les opérations
seront recommencées.

Enfin, si des oppositions sont intervenues avant la décision
d'homologation, il faut distinguer :

S'agit-il d'une simple question de limites, le conseil est compétent pour y statuer aux termes du dernier paragraphe de l'article 15.

S'agit-il, au contraire d'une question de propriété, la délimitation étant d'ailleurs acceptée ; alors le conseil doit surseoir à
l'homologation jusqu'à ce que les tribunaux civils aient décidé
(art. 17).

(1) L'ordonnance du 21 juillet 1846 a surtout pour but, 1º de
constater les terres vacantes pour les attribuer à l'Etat ; 2º
d'annuler et de faire disparaître de la circulation les titres non
sérieux ; 3º de compléter et de rendre inattaquables les titres
sérieux. L'exécution des mesures nécessaires pour atteindre ce
but ne pouvait être confiée qu'à un corps administratif. Mais
quand deux prétendants se présentent, tous deux porteurs de
titres sérieux, il n'y a plus le même intérêt, il y aurait même

« ART. 18. Lorsque les titres déposés dans les délais fixés par l'article 3 de la présente ordonnance ne réuniront pas toutes les conditions exigées par le § 1er de l'article 8 ci-dessus, le conseil du contentieux déclarera la nullité de ces titres.

« La même décision portera que, conformément à l'article 5 de notre ordonnance du 21 juillet 1845, l'administration sera tenue de délivrer à l'acquéreur dont le titre aura été annulé, lorsqu'il en fera la demande, un hectare de terre par chaque trois francs de rente stipulé dans le dernier acte d'acquisition ayant acquis date certaine antérieurement à la promulgation de l'ordonnance du 21 juillet 1845 relative aux concessions (1).

---

de graves inconvénients à faire juger la question de propriété par un conseil de préfecture.

L'article 6 du règlement du 17 septembre 1846 trace les formes et les délais de l'instance renvoyée devant les tribunaux ; mais ces délais ne doivent être considérés que comme comminatoires, une déchéance n'ayant pu être établie par un simple règlement ministériel. Le même règlement porte qu'il ne pourra être produit devant les tribunaux d'autres titres que ceux déposés en exécution de l'article 3 de l'ordonnance ; cette disposition ne peut non plus être considérée comme obligatoire.

(1) Cette disposition donne aux détenteurs de titres annulés

« ART. 19. Ces terres seront prises dans les parties disponibles du territoire civil.

« Elles seront concédées en franchise de redevance et dans la forme établie par notre ordonnance du 21 juillet 1845 (1), à la diligence du directeur de l'intérieur et de la colonisation (aujourd'hui du préfet).

« Elles seront délivrées, si la partie le demande, par fractions et à des époques différentes ; toutefois, les fractions ne pourront être ni supérieures ni inférieures à vingt hectares.

« La demande du tout devra être formée dans le délai de cinq ans à partir du jour de l'annulation des titres, sous peine de déchéance.

« ART. 20. L'acte de concession, indépen-

---

un dédommagement sous la forme d'une concession de terres. Cette concession a lieu en franchise de toute rente. (*Ordonnance* du 21 juillet 1845, art. 6; ordonnance du 5 juin 1847, art. 5.)

On comprend tout ce qu'a d'illusoire un semblable dédommagement. Cet article et les suivants n'ont été que rarement appliqués, et il nous paraît inutile d'entrer dans de longs détails sur une législation qui a peu d'intérêt pour le passé et qui n'en a plus aucun pour l'avenir.

(1) L'ordonnance du 21 juillet 1845 a été successivement modifiée par celles du 5 juin et du 1er septembre 1847 et par le décret du 26 avril 1851.

V. page 80 à la note.

damment des conditions généralement imposées, soumettra le concessionnaire à construire
une maison et à y établir une famille européenne, le tout par chaque vingt hectares de
terre, et à planter et entretenir trente arbres
par chaque hectare.

« La maison devra avoir une valeur de cinq
mille francs au moins. Seront considérées
comme dépendances de la maison, et comprises
dans l'estimation qui en sera faite, les bâtisses
utiles pour l'exploitation, jusqu'à concurrence
d'une valeur de trois mille francs.

« Les mêmes conditions seront exigées pour
les parcelles dont la contenance sera moindre
de vingt hectares.

« Les concessionnaires seront tenus de remplir les conditions qui leur sont imposées dans
le délai de cinq ans, à partir de leur mise en
possession. Néanmoins, les constructions devront être faites dans les six mois, et les fa-
milles établies dans l'année.

« L'administration pourra modifier, à l'é-
gard des indigènes, les conditions établies par
le présent article.

« ART. 21. En cas d'inexécution des conditions prescrites, il sera procédé conformément aux dispositions de notre ordonnance du 21 juillet 1845.

« ART. 22. Si la même terre est demandée par plusieurs personnes, la préférence sera accordée à celui qui, justification faite de sa solvabilité, aura soumis les propositions de culture reconnues les plus avantageuses pour l'intérêt général.

« Il sera statué définitivement par notre Ministre de la guerre.

« ART. 23 (1). Le droit établi par le paragraphe 2 de l'article 18 est susceptible de transmission.

« Toutefois, le concessionnaire sera soumis aux mêmes conditions que le cédant.

« L'acte de transmission sera fait en la forme authentique, et la mutation ne donnera lieu à aucun droit d'enregistrement.

« ART. 24. Celui qui aura cultivé même en l'absence d'un titre régulier, recevra la conces-

---

(1) Cet article déclarait la concession transmissible ; aujourd'hui il en est de même de toutes les concessions aux termes du décret du 26 avril 1851.

« sion définitive de la partie du sol cultivée, si les travaux exécutés sont conformes aux prescriptions de l'article 20.

« En cas de contestation, il sera statué par notre. Ministre de la guerre, sur l'avis du conseil du contentieux, sauf recours devant nous en notre conseil d'État.

« Indépendamment des terres pour lesquelles le réclamant aura obtenu une concession définitive, il aura le droit de demander l'étendue de terre qui lui revient, d'après la rente stipulée dans son acte d'acquisition, conformément à l'article 18, § 2 et suivants (1).

« ART. 25. S'il y a eu, antérieurement à la publication de la présente ordonnance, simple commencement de travaux entrepris par le réclamant ou par ses auteurs européens, il sera préféré à tout autre, pour la concession des

---

(1) Cet article est la seule garantie donnée par l'ordonnance à la possession réelle non fondée en titres.

Par arrêt du 15 novembre 1851, le conseil d'Etat a décidé avec raison que, si les travaux de culture exécutés sur un domaine peuvent donner droit à la concession de terres cultivées, il n'appartient qu'à l'administration de faire cette concession, et que le conseil de préfecture ne peut la faire lui-même par la voie détournée d'une validation de titres irréguliers.

terrains sur lesquels les travaux ont été com-
mencés, dans la proportion et moyennant les
conditions mentionnées aux articles 18, § 2,
19, 20 et 21 de la présente ordonnance.

« La demande en devra être formée dans le
délai de trois mois déterminé par l'article 3.
Passé ce délai, l'administration aura la libre
disposition de ces terrains.

« Toutefois, la concession ne pourra en être
faite à des tiers qu'à la condition de rembourser par le concessionnaire, soit le coût dûment
justifié des ouvrages effectués par le possesseur
évincé ou par ses auteurs européens, soit une
somme égale à celle dont ses ouvrages ont augmenté la valeur du fonds, le tout au choix de
l'administration.

« Les contestations, le cas échéant, seront
portées devant le conseil du contentieux.

« ART. 26. Lorsqu'il s'agira d'une exploitation ayant pour objet l'élève du bétail ou le
boisement, l'état des lieux sera constaté par le
conseil du contentieux, et, eu égard à l'importance des travaux exécutés, il pourra être pa-
reillement accordé une concession définitive,
même à ceux qui ne se trouveraient pas dans
les conditions prescrites par l'article 20.

« ART. 27. Le titre définitif conféré en vertu des articles 24, § 1er et 26, déterminera la situation, la contenance et les limites de l'immeuble, conformément à la constatation qui en aura été faite par le conseil du contentieux dans les formes prescrites par les articles 8, § 2 et suivants de la présente ordonnance.

« Ce titre définitif ne pourra, en aucun cas, être contesté par les tiers.

« ART. 28 (1). Lorsqu'un jugement ou un arrêt rendu contre le domaine antérieurement à la présente ordonnance, et ayant acquis l'autorité de la chose jugée, aura attribué la propriété d'une terre à un particulier, ce jugement ou cet arrêt aura son plein et entier effet à l'égard de l'administration.

« ART. 29. Si le jugement ou l'arrêt indique la contenance et les limites de l'immeuble, la reconnaissance et la constatation en seront faites par le conseil du contentieux, en confor-

---

(1) Un jugement est un titre et fait preuve contre l'administration quand il a été rendu contre elle.

Le même effet paraît devoir être attribué aux jugements rendus par les tribunaux musulmans contre des administrations musulmanes aujourd'hui réunies au domaine de l'Etat, et par exemple contre le *Beit el Mâl*.

mité des articles 8, § 2 et suivants de la présente ordonnance.

« ART. 30. Si le jugement ou l'arrêt ne fait pas connaître la contenance et les limites de l'immeuble, et si les titres de propriété n'ont pas été déclarés conformes aux prescriptions de l'article 8, § 1er, la contenance sera fixée par le conseil du contentieux, d'après la règle posée au § 2 de l'article 18, et les limites seront établies par le même conseil, conformément aux dispositions des articles 8, § 2 et suivants.

« ART. 31. Les rentes aux prix stipulés pour ventes ou baux à rente perpétuelle annulés en exécution de la présente ordonnance, cesseront d'être payées même pour les termes échus antérieurement à ladite ordonnance.

« ART. 32. Les créanciers de ces rentes au prix pourront réclamer des terres à cultiver, moyennant les conditions qui seront déterminées par l'administration, selon les circonstances.

« ART. 33-50..... (1).

---

(1) Ces articles relatifs aux terres incultes et aux prohibitions d'acquérir sont abrogés par la loi nouvelle.

« ART. 51. Tout acte ayant pour objet l'exécution des dispositions de la présente ordonnance est affranchi des droits de timbre et d'enregistrement.

« ART. 52. Les dispositions de la présente ordonnance ne sont point applicables aux propriétés qui ont fait l'objet d'actes d'aliénation de la part de l'administration.

Il n'est point innové aux dispositions de l'article 19 de notre ordonnance du 9 novembre 1845, relative au domaine.

« ART. 53..... (1).

« ART. 54. Notre Ministre de la guerre fera les règlements nécessaires pour l'exécution de la présente ordonnance. »

---

(1) L'article 53 n'est qu'un renvoi qui n'a plus d'intérêt.

Ordonnance du 31 octobre 1845 sur le séquestre (1).

TITRE PREMIER.

DES BIENS SÉQUESTRÉS ANTÉRIEUREMENT A LA PRÉSENTE ORDONNANCE.

« ART. 1ᵉʳ. Sont maintenues et sortiront leur

---

(1) Nous avons déjà parlé sous l'article 4 des arrêtés qui ont établi ou réglementé le séquestre en Algérie. Le séquestre est une confiscation provisoire qui frappe les biens des ennemis de la France et se termine, après connaissance de cause, soit par la remise des biens à leurs anciens maîtres, soit par une confiscation définitive. Ce droit rigoureux, justifié par les nécessités de la guerre et de la politique, a été pratiqué de tout temps en pays d'islamisme.

Voici comment s'exprimait sur ce sujet M. Romiguières, rapporteur du projet d'ordonnance (commission de colonisation de l'Algérie, 1ʳᵉ sous-commission, séance du 22 juin 1842).

» La France et ses armées ont conquis sur les Turcs les trois « régences ; et, de même que *la terre d'Afrique est désormais « et pour toujours française*, de même les indigènes de ces con- « trées, cessant d'être soumis à la puissance du dey, sont de- « venus sujets de la France et tenus des obligations de tout « sujet envers son souverain. Or, une partie de ces indigènes « s'est constituée, s'obstine à se maintenir en état de guerre « ou plutôt de rébellion envers la France.

« Et il s'agit d'examiner les mesures à prendre relativement « aux biens situés dans les pays occupés, possédés, régis par la « France, et qui appartiennent ou à ceux qui font notoirement

plein et entier effet toutes décisions antérieures
d'une autorité civile ou militaire, ordonnant la
remise de biens séquestrés.

« Si la remise ordonnée n'a pas été effectuée,
elle se fera immédiatement.

« partie des bandes ennemies, ou à ceux qui, par leur absence
« de ces territoires ainsi occupés, sont en présomption, soit de
« faire partie de ces bandes, soit de leur prêter secours, soit,
« en tout cas, de ne vouloir pas accepter la domination fran-
« çaise.

« C'est, en d'autres termes et tour à tour, ou l'application du
« droit de conquête, qui autorise le conquérant à exiger que ses
« nouveaux sujets, déliés du serment prêté au souverain dé-
« possédé, se soumettent à ses lois, ou l'application du principe
« consacré par la loi du 9 février 1792, qui mit sous la main de
« la nation et sous la surveillance des corps administratifs les
« biens des émigrés, loi à laquelle il n'y aurait eu aucun re-
« proche à faire, puisqu'il ne s'agissait alors que des émigrés
« portant les armes ou fomentant la guerre contre la France,
« si cette même loi n'avait été le fatal prétexte d'une si odieuse
« extension et de si terribles conséquences. »

L'ordonnance de 1845, qui forme aujourd'hui la loi de la matière, ne statue pas seulement pour l'avenir, elle liquide le
passé.

L'ancien séquestre comprenait deux espèces de biens :

1° Les biens séquestrés, de 1830 à 1852, sur les Turcs exilés
ou les Maures absents, soit 577 immeubles.

2° Les biens séquestrés sur les indigènes qui avaient porté les
armes contre nous depuis l'insurrection de 1839, soit 1,072 immeubles ; mais sur ce nombre le domaine n'avait pu se mettre
en possession réelle que de 337 seulement.

Sur les 577 immeubles de la 1re classe, 267 avaient été rendus par le Gouvernement français à leurs anciens propriétaires.

« Sortiront également leur plein et entier effet les décisions définitives, rendues avant la publication de la présente ordonnance, qui ont rejeté des demandes en mainlevée des biens séquestrés.

« ART. 2. Les biens séquestrés qui sont encore dans les mains du domaine, et sur la remise desquels il n'a pas été définitivement statué, seront remis aux anciens propriétaires qui justifieront ne se trouver dans aucun des cas prévus par l'article 10 de la présente ordonnance.

« ART. 3. Les demandes en remise seront recevables à quelque époque que le séquestre ait été établi depuis 1830.

Enfin de tous les immeubles restés en la possession du domaine, 230, c'est-à-dire environ la moitié, avaient été affectés à des services publics.

En 1845, l'Algérie était presque entièrement pacifiée; le Gouvernement français pouvait se montrer généreux.

Le premier séquestre, de 1830 à 1832, avait frappé les biens des absents comme ceux des ennemis de la France; c'était une mesure fiscale. L'arrêté du 1er décembre 1840 lui avait rendu son caractère exclusivement politique; mais le séquestre avait été appliqué sur une trop large échelle pour qu'il n'y eût pas des erreurs à réparer.

L'ordonnance de 1845 qui, par son article 10, indique pour l'avenir les causes de séquestre, accorde en même temps la mainlevée de tout séquestre antérieurement établi pour d'autres causes ou par erreur.

21

« Elles devront, à peine de déchéance, être formées dans le délai d'un an, à partir de la publication de la présente ordonnance.

« Art. 4. Il ne sera statué sur les anciennes demandes non rejetées qu'autant qu'elles auront été renouvelées dans le délai d'un an, à partir de la publication de la présente ordonnance.

« Les demandes en remise seront déposées à la direction des finances à Alger ; il en sera donné récépissé.

« Dans les trois mois de ce dépôt, la demande sera transmise à notre Ministre de la guerre, par le gouverneur général, avec son avis et celui du conseil d'administration.

« Il sera statué par notre Ministre de la guerre, dans les six mois, de la réception des pièces au ministère.

« La décision sera définitive (1).

---

(1) Le séquestre constitue une mesure de haute administration qui n'est pas susceptible d'être déférée au conseil d'Etat par la voie contentieuse. En conséquence, aucun recours n'est ouvert contre les décisions de l'administration, soit sur l'étendue et les effets du séquestre, soit sur les demandes en mainlevée. C'est la jurisprudence constante du conseil d'Etat. (V. arrêts des 30 août 1842, 5 septembre 1842, 1er février 1844, 24 juillet 1845, 18 novembre 1846.) Le conseil du contentieux de l'Algérie, aujourd'hui les conseils de préfecture, sont égale-

« Art. 6. La remise des biens séquestrés antérieurement à la présente ordonnance ne donnera droit qu'à la restitution des fruits perçus depuis les demandes faites ou renouvelées dans le délai établi par les articles 3 et 4 (1).

« Art. 7. Si les immeubles séquestrés ont été, durant le séquestre, baillés à rente ou vendus par l'État, l'ancien propriétaire n'aura droit qu'à la rente constituée ou au prix principal de la vente payé par l'État, avec restitution des arrérages ou intérêts, conformément à l'article précédent.

« Art. 8. Nulle remise de biens séquestrés ne sera faite aux anciens propriétaires, s'ils ne sont pas, à l'époque de la promulgation de la

---

ment incompétents pour connaître de cette matière que l'ordonnance réserve au Ministre seul. (V. arrêts du conseil d'Etat des 22 juillet 1848 et 2 février 1850.) L'article 17 de l'arrêté du 1er décembre 1840 accordait un recours par la voie contentieuse quand il y avait eu de la part de l'administration erreur matérielle sur la personne ou sur la chose ; mais cet article doit être considéré comme abrogé par les articles 2, 10 et 25 de l'ordonnance. Le conseil d'Etat a évité de se prononcer sur cette question dans son arrêt du 2 février 1850.

(1) Lorsque le domaine a détenu des immeubles, non en vertu d'un arrêté de séquestre proprement dit, mais comme biens d'absents, il doit rendre les fruits perçus. (Arrêt du conseil d'Etat du 1er août 1848.)

présente ordonnance, établis sur le territoire algérien soumis à notre domination, et s'ils ne se présentent en personne devant le directeur des finances à Alger, ou devant le chef du service des domaines dans les provinces (1).

« Le conseil supérieur d'administration de l'Algérie sera juge des cas de légitime empêchement qui seraient allégués, sauf recours devant notre Ministre de la guerre, dont la décision sera définitive (2).

« Art. 9 (3). En cas d'aliénation des biens

---

(1) Aux termes de l'article 10, l'absence est une présomption de passage à l'ennemi. Il était naturel d'exiger que les anciens propriétaires se présentassent en personne pour recevoir les biens dont il leur serait fait remise. Cette disposition a encore un autre motif : on a voulu empêcher la spéculation sur les immeubles séquestrés.

(2) Ces termes de l'ordonnance excluent tout recours par la voie contentieuse, soit devant le conseil de préfecture, soit devant le conseil d'Etat. (V. la note sur l'article 5.)

(3) Un arrêté du 26 avril 1854, reproduit par l'article 12 de l'arrêté du 1er décembre 1840, interdisait aux officiers ministériels de recevoir des actes de vente de biens séquestrés. On avait voulu empêcher les spéculations sur les chances de restitution, mais la nullité des actes passés en contravention n'avait pas été expressément prononcée ; d'ailleurs, le séquestre n'ayant été accompagné d'aucune formalité extérieure, les acquéreurs avaient pu l'ignorer. Des ventes d'immeubles notoirement séquestrés avaient même été validées par les tribunaux.

L'ordonnance décide, en conséquence, qu'il y a lieu de res-

séquestrés, l'État pourra se faire tenir quitte par l'acquéreur, en lui remboursant le prix de la vente ou de la cession avec les intérêts, à compter du jour où ledit prix a été payé et les loyaux coûts dûment justifiés.

« Si le bien séquestré était, lors de la vente, affecté notoirement à un service public, l'État pourra user de la faculté mentionnée au paragraphe précédent; et, en ce cas, il ne sera tenu de rembourser à l'acquéreur que le prix capital sans intérêts, avec les frais et loyaux coûts.

---

tituer aux acquéreurs comme aux propriétaires primitifs. Seulement elle donne à l'Etat un droit de retrait, comparable au retrait litigieux de l'article 1699 du Code civil. Si, lors de la cession, l'immeuble était notoirement affecté à un service public, l'État, pour exercer le retrait, n'est pas tenu de rembourser au cessionnaire les intérêts du prix qu'il a payé. Le législateur a sans doute pensé que, dans ce cas, l'acquéreur était moins favorable, n'ayant pas dû compter sur la restitution de l'immeuble, et n'ayant acheté à proprement parler que l'espérance d'une indemnité.

TITRE II.

Des biens séquestrés postérieurement à la présente ordonnance.

CHAPITRE Ier.

Établissement du séquestre.

« ART. 10 (1). A l'avenir, le séquestre ne pourra être établi sur les biens meubles et immeubles des indigènes que si ces indigènes ont :

« 1° Commis des actes d'hostilité soit contre

---

(1) Cet article reproduit presque dans les mêmes termes l'article 2 de l'arrêté du 1er décembre 1840. D'après ce dernier arrêté, la mesure du séquestre était applicable aux terres des tribus passées à l'ennemi. L'ordonnance est muette à cet égard, mais un arrêté du gouverneur général, en date du 18 avril 1846, a comblé cette lacune en décidant que toute tribu ou fraction de tribu qui émigrera sera dépossédée de ses propriétés communes ou particulières, si, dans le délai d'un mois à compter du jour de l'émigration, elle n'a pas obtenu l'*aman* du commandant supérieur de la province ou de la subdivision.

L'absence prolongée pendant plus de trois mois sans permission de l'autorité française est une présomption de défection qui justifie le séquestre ; mais cette présomption peut être détruite par la preuve contraire. Cette preuve pourra être utilement fournie dans les deux ans à partir de la publication de l'arrêté de séquestre.

les Français, soit contre les tribus soumises à la France, ou prêté, soit directement soit indirectement, assistance à l'ennemi, ou enfin entretenu des intelligences avec lui ;

« 2° Abandonné, pour passer à l'ennemi, les propriétés ou les territoires qu'ils occupaient.

« L'abandon et le passage à l'ennemi seront présumés à l'égard de ceux qui seront absents de leur domicile depuis plus de trois mois, sans permission de l'autorité française.

« ART. 11 (1). Aucun séquestre ne pourra être établi que par un arrêté du gouverneur général, le conseil d'administration préalablement entendu.

« L'arrêté indiquera les causes qui l'auront motivé.

« Toutefois, le séquestre pourra être ordonné provisoirement et d'urgence par les comman-

---

(1) L'arrêté du 9 décembre 1848 a supprimé le conseil d'administration et l'a remplacé par un conseil de Gouvernement dont les attributions énumérées par l'article 10 de ce même arrêté ne comprennent plus celle de donner un avis sur l'établissement du séquestre.

Comme l'arrêté qui établit le séquestre n'est sujet à aucun recours par la voie contentieuse, l'ordonnance a voulu qu'il ne fût pris qu'en connaissance de cause.

dants militaires, sauf décision ultérieure du gouverneur général, dans la forme ci-dessus déterminée.

« Tout arrêté portant établissement du séquestre sera soumis par le gouverneur général à notre Ministre de la guerre, qui statuera définitivement.

« Art. 12. Les arrêtés ainsi confirmés seront publiés immédiatement en arabe et en français dans le journal officiel de l'Algérie.

« Dans le cas où ces arrêtés ne désigneraient pas nominativement les individus atteints par le séquestre, les états nominatifs en seront ultérieurement dressés et arrêtés, après avoir entendu le conseil supérieur d'administration (1). Ils seront publiés en la même forme que les arrêtés établissant le séquestre.

« Il sera également dressé des états des biens immeubles séquestrés que les agents du domaine découvriront. Ces états seront arrêtés et publiés en la même forme, aussitôt après la découverte ou la prise de possession (2).

_____

(1) V. la note sur l'article précédent. L'avis du conseil de Gouvernement n'est plus nécessaire, mais il peut toujours être demandé.

(2) Les articles 7 et 8 de la loi du 30 mars 1792 prescri-

CHAPITRE II.

Effets du séquestre.

« Art. 13 (1). Les biens séquestrés seront régis par l'administration des domaines.

« Elle ne pourra consentir des baux pour un temps excédant neuf années.

« Les maisons et bâtiments dont l'état de dépérissement sera constaté pourront être aliénés sur la proposition du gouverneur général et l'autorisation de notre Ministre de la guerre, dans la même forme que les immeubles domaniaux.

« Il en sera de même des terres incultes nécessaires pour l'exécution de l'article 80 de notre ordonnance du 1er octobre 1844 (2).

---

vaient aussi la confection d'une liste des biens séquestrés.— *V.* la loi du 28 mars 1793, section V.

(1) Les biens séquestrés sont administrés comme biens domaniaux. *V.* l'ordonnance du 9 novembre 1845 sur le domaine en Algérie, que nous avons rapportée et commentée sous l'article 6. — *V.* aussi la loi du 30 mars 1792, art. 3.

(2) Disposition abrogée par l'article 23 de la loi, sous lequel nous donnerons un aperçu de l'ancienne législation sur les terres incultes et les marais.

« Art. 14 (1). Toutes les sommes principales échues, les intérêts desdites sommes, les
loyers et fermages et généralement tout ce qui
sera dû à un individu frappé de séquestre sera
versé dans la caisse du domaine.

« L'administration des domaines pourra, en
cas d'offres de la part des débiteurs, recevoir
les sommes non échues et le principal des rentes perpétuelles.

« Art. 15 (2). Les payements faits, durant
le séquestre, à l'individu qui en est frappé ou à
ses héritiers, ayants cause ou mandataires, ne
libéreront pas le débiteur envers l'Etat.

« Il en sera de même des payements de
sommes non échues faits antérieurement au séquestre, s'ils ne sont constatés par des actes
ayant date certaine.

« Art. 16 (3). Tous détenteurs, déposi-
taires, administrateurs et gérants, fermiers ou
locataires de biens placés sous le séquestre,
tous débiteurs de rentes, créances ou autres

---

(1) V. les lois du 30 mars 1792, art. 14, et du 25 juillet 1793,
section II, art. 17.
(2) V. la loi du 30 mars 1792, art. 15.
(3) V. la loi du 25 juillet 1793, section II, art. 11 et suivants.

droits incorporels, atteints par le séquestre seront tenus d'en faire la déclaration dans les
trois mois qui suivront la publication, soit de
l'arrêté de séquestre, soit de l'état nominatif
désignant le propriétaire desdits biens.

« ART. 17. Cette déclaration indiquera aussi
exactement que possible :

« 1° La nature, la situation, la consistance
des immeubles et le montant des fermages,
rentes et loyers ;

« 2° La nature des biens meubles, objets
mobiliers, droits et actions, le montant des capitaux exigibles ou non exigibles, avec les
noms, profession et domicile des débiteurs et
détenteurs ;

« 3° Les noms, profession et domicile des
propriétaires ;

« 4° Les noms, profession et domicile des
déclarants.

« ART. 18. La déclaration sera faite dans
chaque localité au chef du service des domaines, qui l'inscrira sur un registre à talon, ouvert à cet effet, et qui en donnera récépissé.

« ART. 19. Toute personne assujettie à la

déclaration énoncée en l'article 16, qui aura omis de la faire dans le délai prescrit, pourra, suivant les cas, être condamnée par le conseil du contentieux (aujourd'hui par le conseil de préfecture de chaque département), à une amende qui ne pourra excéder le quart de la valeur des biens non déclarés.

« Le recours, s'il y a lieu, sera porté devant nous en notre conseil d'État (1).

« ART. 20. Postérieurement à la publication de l'arrêté qui aura ordonné le séquestre, aucun droit utile ne pourra être conféré au préjudice de l'État sur les biens séquestrés (2).

« ART. 21. Tous créanciers des individus atteints par le séquestre, devront, à peine de nullité, inscrire les hypothèques et priviléges établis en leur faveur par des actes antérieurs au séquestre, et présenter leurs demandes avec les titres à l'appui, à la direction des finances

---

(1) On a voulu éviter la juridiction correctionnelle, afin de laisser à l'administration l'appréciation de la bonne foi. Il est à remarquer que l'ordonnance ne fixe pas le minimum de l'amende. — V. la loi du 28 mars 1793, art. 50, et celle du 25 juillet 1793, section II, art. 16.

(2) V. loi du 30 mars 1792, art. 2, et la loi du 28 mars 1793, section VII.

à Alger (aujourd'hui à la préfecture de chaque département) dans le délai d'un an à partir de la publication de l'arrêté ou de l'état concernant le nom du débiteur (1).

« Le dépôt de la demande et des titres sera constaté par un procès-verbal énonçant la nature du titre, le montant de la créance et l'époque de son exigibilité, il en sera donné récépissé.

« ART. 22. Nul titre de créance sur un individu frappé de séquestre ne sera admis s'il n'a une date certaine et antérieure au séquestre.

« ART. 23 (2). Le conseil du contentieux (aujourd'hui le conseil de préfecture) prononcera sur l'admission ou le rejet des titres déposés.

« Si la créance antérieure au séquestre n'est pas établie par titre, le conseil statuera sur la légitimité des droits des réclamants.

« ART. 24 (3). Les créances admises ne

---

(1) V. la loi du 2 septembre 1792, art. 5 et 6, et la loi du 25 juillet 1793, section v.

(2) V. la loi du 2 septembre 1792, art. 7.

(3) V. la loi du 2 septembre 1792, art. 4 et 9.

seront payées qu'après que les biens séquestrés auront été définitivement réunis au domaine, conformément à l'article 28 ci-après,
et jusqu'à concurrence seulement de la valeur
totale de ces biens.

« En cas d'insuffisance, les biens séquestrés
seront vendus ; il sera procédé, devant les tribunaux, à l'ordre ou à la distribution, à la requête de la partie la plus diligente.

CHAPITRE III.

Mainlevée du séquestre.

« ART. 25 (1). Toute demande en remise
de biens séquestrés devra établir ou que le propriétaire desdits biens n'était pas l'individu désigné dans l'arrêté du séquestre, ou qu'il ne
s'est rendu coupable d'aucun des faits énoncés
en l'article 10 ci-dessus.

---

(1) L'article 17 de l'arrêté du 1er décembre 1840 accordait un
recours au contentieux en cas d'erreur matérielle sur les personnes ou sur les choses. Cet article est remplacé et implicitement abrogé par les articles 25 et 26 de l'ordonnance. Toute
erreur sur la chose est nécessairement une erreur sur la personne et celle-ci est expressément prévue par l'article 25. L'intention du législateur a été de supprimer tout recours au contentieux en matière de séquestre.

« ART. 26. Les demandes seront formées, et il y sera statué conformément aux articles 3 et 5 ci-dessus (1).

« ART. 27. La remise des biens séquestrés postérieurement à la présente ordonnance donnera droit à la restitution des fruits ou intérêts perçus depuis le jour de la demande en remise, sauf déduction des impenses faites par le domaine.

« Les immeubles seront repris dans l'état où ils se trouveront, sans aucun recours contre l'État, et à la charge de maintenir les baux existants (2).

CHAPITRE IV.

Réunion des biens séquestrés au domaine.

« ART. 28 (3). Seront réunis définitivement

---

(1) Il faut lire *aux articles 4 et 5*. La demande adressée au préfet est transmise dans les trois mois avec l'avis du gouverneur général au Ministre de la guerre qui, dans les six mois, statue définitivement et sans recours

(2) C'est aux mêmes conditions qu'en France les biens des émigrés leur ont été rendus par la loi du 5 décembre 1814.

(3) Le délai de deux ans prescrit par cet article à peine de déchéance court contre les mineurs, les interdits et les femmes

au domaine, sauf les droits des créanciers, les biens frappés de séquestre qui n'auront pas été réclamés dans le délai de deux ans, à compter des publications prescrites par l'article 12 de la présente ordonnance.

« Il en sera de même en cas de rejet des réclamations, prononcé dans les formes prescrites par les articles 25 et suivants.

« Art. 29. Lorsque le séquestre sera établi sur des terres, villes ou villages abandonnés en masse par la population, l'arrêté qui l'établira ou une décision ultérieure pourront en ordonner immédiatement soit la réunion au domaine, soit l'affectation à un service public, soit la concession à d'autres populations indigènes ou à des colons européens (1).

---

mariées, et en général contre toutes personnes sans exception. Il en est ainsi, à moins d'exception formelle, de toutes les déchéances édictées par la législation algérienne, notamment par les ordonnances des 1er octobre 1844 et 21 juillet 1846. On n'a pas voulu laisser trop longtemps la propriété incertaine.

(1) L'article 10 fait de l'absence individuelle prolongée pendant plus de trois mois sans permission une présomption de défection, mais cette présomption tombe devant la preuve contraire. L'article 29 considère l'abandon en masse comme une défection évidente. Il y a alors présomption *juris et de jure* contre laquelle aucune preuve n'est admise.

TITRE III.

DISPOSITIONS GÉNÉRALES.

« ART 30. Si, antérieurement à la demande
en remise de biens séquestrés, soit avant, soit
après la présente ordonnance, les immeubles
réclamés ont été affectés à un service public,
et si l'administration veut maintenir cette affectation, l'ancien propriétaire dont la réclamation aura été admise n'aura droit qu'à une indemnité qui sera réglée par le conseil d'administration (aujourd'hui par le conseil de Gouvernement), sauf recours devant nous, en notre
conseil d'État (1).

« Cette indemnité sera liquidée conformément aux dispositions de l'article 47 de l'ordonnance du 1er octobre 1844 (2).

« ART. 31. Les actions en revendication et
toutes actions des tiers, prétendant un droit

---

(1) Une mesure analogue se trouvait dans l'article 7 de la loi
du 5 décembre 1814.

(2) C'est-à-dire comme en matière d'expropriation pour
cause d'utilité publique. Nous avons rapporté toute cette partie
de l'ordonnance de 1844 sous l'article 21.

quelconque sur les biens remis en vertu de la présente ordonnance, seront portées devant les tribunaux, sans recours contre l'État.

« Si la remise n'a pas encore été effectuée, elle sera suspendue jusqu'après les jugements définitifs ou arrêts à intervenir.

« ART. 32. Nonobstant toutes déchéances ou tout rejet de réclamations, les biens séquestrés pourront, tant qu'ils seront dans les mains du domaine, être remis par nous, par grâce spéciale et en vertu de notre pleine autorité, aux anciens propriétaires ou à leurs héritiers, qui les reprendront dans l'état où ils se trouveront, et sans aucune restitution de fruits perçus.

« ART. 33. Toutes dispositions des ordonnances, arrêtés ou règlements antérieurs sont abrogées en ce qu'elles ont de contraire à la présente ordonnance.

Art. 23.

Sont abrogés en tout ce qu'ils ont de contraire à la présente loi, les ordonnances, arrêtés et règlements antérieurs relatifs au domaine national, au domaine départemental, au domaine communal et à la propriété privée en Algérie, notamment les dispositions de ces ordonnances, arrêtés et règlements qui s'appliquent aux terres incultes et aux marais.

Nous avons pris soin d'indiquer sous chaque article les dispositions de la législation antérieure, et de marquer en quoi il y était dérogé par la loi nouvelle. Il serait inutile de revenir ici sur ces questions ; un mot seulement sur le régime des terres incultes et des marais, expressément abrogé par notre article.

Nous avons déjà dit que le régime arbitraire auquel la propriété s'était trouvée soumise en Algérie, joint aux dangers de la guerre et aux

difficultés de la colonisation, avait longtemps
arrêté la culture des terres achetées par les
Européens.

L'ordonnance du 1ᵉʳ octobre 1844 (art. 80
à 108) essaya de porter un remède au mal. La
culture devait être déclarée obligatoire par arrêtés administratifs. Les terres incultes dans
l'étendue du périmètre déterminé par les arrêtés
devaient être constatées, et les titres des détenteurs vérifiés. Ces derniers étaient soumis à
un impôt spécial de 5 francs par hectare, et, s'ils
demeuraient plus de six mois sans payer cette
taxe, réputés avoir délaissé tous leurs droits au
domaine. En outre, l'État pouvait s'emparer de
toute terre inculte à sa convenance, sauf à indemniser ultérieurement le propriétaire en terres incultes d'une étendue égale.

L'ordonnance du 21 juillet 1846 porta l'impôt
spécial à 10 francs par hectare, mais apporta
quelques adoucissements à la condition des
propriétaires. L'expropriation pour inculture
fut soumise aux formes ordinaires et ne put désormais avoir lieu que moyennant une indemnité raisonnable en argent (art. 33 à 45).

Enfin, les arrêtés ministériels des 17 septembre et 2 novembre 1846 avaient prescrit dans

quelles formes l'inculture serait constatée. (*Arrêté* du 17 septembre, art. 7; *arrêté* du 2 novembre, art. 10-18.)

« C'était avec la meilleure foi du monde, dit M. Henri Didier, dans son premier rapport, qu'on prétendait obtenir ainsi de vive force la mise en valeur, la fertilisation et l'appropriation utile du territoire de l'Algérie, par une nombreuse population européenne.

« Le travail, disait le rapport placé en tête de l'ordonnance du 21 juillet 1846, est un titre, le meilleur peut-être à la possession du sol; » et en partant de cet axiome difficilement contestable, on s'était laissé entraîner, de déduction en déduction, jusqu'à cette singulière et extrême conséquence que le propriétaire de terres qui ne travaillait pas devait être dépossédé. Mais une telle logique offense la conscience de toute société civilisée; elle est contraire à nos mœurs non moins qu'aux premiers éléments de notre droit, et les prescriptions auxquelles elle prêtait son appui ne réussirent qu'à augmenter les alarmes de la propriété et à exciter un soulèvement à peu près général de l'opinion, sans qu'aucune dépossession ait pu être prononcée, et sans qu'un hectare de plus ait été cultivé. »

La législation relative aux marais était bien plus arbitraire encore.

Un arrêté du 17 octobre 1833 ordonnait le desséchement de tous les marais par mesure de salubrité. Faute par les propriétaires d'exécuter les travaux, l'État devait les faire exécuter ou les exécuter lui-même à leurs frais.

L'ordonnance du 1er octobre 1844 (art. 109 à 112) considéra tous les marais comme biens vacants, rentrant comme tels dans le domaine de l'État. Seulement une indemnité était accordée aux détenteurs qui produiraient des titres de propriété antérieurs au 5 juillet 1830. Cette indemnité fut supprimée par l'ordonnance du 21 juillet 1846 (art. 46 et 53).

Ces dispositions sont abrogées par notre article. « Il n'appartient pas plus à l'État qu'il ne pourrait appartenir à des particuliers, dit M. Henri Didier dans son premier rapport, de mettre la main sur la propriété d'autrui. Les marais qui sont l'objet d'une propriété privée ont droit au respect de l'autorité publique non moins que les autres immeubles. Si, dans l'intérêt de la salubrité, on juge qu'ils doivent être desséchés, qu'on suive la voie de l'expropriation pour cause d'utilité publique, à la bonne heure !

Mais déclarer à l'avance et d'une façon absolue qu'ils doivent être considérés comme biens vacants et que l'État peut s'en servir sans en payer la valeur, ce n'est pas faire autre chose qu'ériger en droit la spoliation. »

Paris. — Imprimerie Paul Dupont, rue de Grenelle-St-Honoré, 45.

Paris, Imp. de Paul Dupont, rue de Grenelle-St-Honoré, 45.

www.ingramcontent.com/pod-product-compliance
Lightning Source LLC
Chambersburg PA
CBHW060341200326
41519CB00011BA/2004